旅と女と殺人と 清張映画への招待

上妻祥浩

幻戯書房

はじめに

松本清張が亡くなってから、四半世紀の時が流れた。

彼が手がけた著作のジャンルは幅広いが、やはり推理小説がその中心だったと言えるだろう。秀逸なトリックや深い人間描写、さらにはベースに社会問題を巧みに織り交ぜた数々の作品は大衆の絶大な支持を集めた。

当然、これらの作品の多くが映画やテレビドラマとなった。一般的な人気がある上に、多くのクリエイターが映像化したくなるような魅力に満ち溢れているからであろう。特にテレビドラマ化された作品は非常に多く、何度もリメイクされたものも少なくない。

本書は、タイトルからもお分かりいただけると思うが、清張作品を原作とする映画についてまとめたものである。清張作品の映画化は、彼が推理作家として頭角を現し始めた昭和32（1957）年に早くも始まり、彼の小説が次々にベストセラーとなったことを受けて、その後数年のうちに各社がこぞって映画化に乗り出した。この頃はテレビが一般に普及する前であり映画が大衆娯楽の中心であったことから、映画の大ヒットが清張とその作品の知名度アップや大衆への浸透をさらに促進させる一助となったのは間違いないであろう。言わば相乗効果である。

小説が映像化される場合、ストーリーの改変など様々な〝加工〟が行なわれることが多い。清張作品においてもそのような事例は少なくない。ただ、概して清張作品の映画化は、そのような改変を含めても、ひどい失敗に終わったものは少ない。むしろ、清張自身が感服し絶賛した映画も多い。これはまさに、清張映画の作り手たちの多くが原作（ひいては清張自身）の精神を理解し敬意を払った上で映画化されたことの証左と言えるだろう。そしてそれは、ミステリー映画の枠を越え日本映画史の中でも重要な位置を占める傑作を生むことにもつながったのである。

それには、もちろん原作の良さも影響していることは間違いない。清張と言えば絵画に興味があり、また若い頃は広告デザイナーの仕事も行なっていた。そんな清張が著した小説の特徴として、「読んでいるとその情景が容易に目に浮かんでくる」といった点が頻繁に挙げられる。つまり、描写が〝映像的〟なのである。加えて、物語の構成もしっかりしているという点などは〝映画的〟と言える。要するに、映画化するにはお誂《あつら》え向きの条件が揃っているのである。これには、清張自身がかなりの映画ファンだったということも深く影響しているだろう。だからこそ、自作の映画化作品はあくまでも別物という姿勢を貫き、映画化に際してほとんど口を挟まなかったのであろう。

本書は、2017年までに製作・公開された清張原作の映画化作品全36本を年代順に紹介するものである。特に重要と思われる作品についてはページ数を多く割いている。また、これらの作品に関わった主要なスタッフや俳優についても、合間のコラムにおいてまとめて紹介している。なお、文中で触れている作品について、一部「ネタバレ」している部分があることを予《あらかじ》めご了承いただきたい（極力、直前に但し書きを入れるようにするが……）。また本文中には、原典の内容を尊重し、当時の表現に従ったため、不適切な表現が含まれているものがあることも先にお断りしておく。

私の得意分野が映画であるため映画の方にかなり比重がかかっている点は何卒お赦しいただきたいが、映画に詳しくない人や、清張の小説のファンではあるが映画化作品は観ていないという方にも分かりやすいような記述を心がけたつもりである。また、映画は観たが原作は読んでいないという人にも、本書をきっかけに原作小説、ひいては他の清張作品を読んでみたいと思っていただければと願っている。いささかおこがましいが、本書が清張の著作と映画化作品の架け橋になれば幸いである。

旅と女と殺人と　清張映画への招待

目次

はじめに……001

第一章　1950年代

顔……010
張込み……015
眼の壁……022
共犯者……026
影なき声……031
点と線……035
かげろう絵図……043
危険な女……047

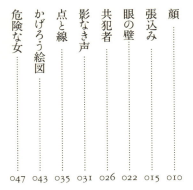

第二章 1960年代

黒い画集 あるサラリーマンの証言……058
波の塔……067
黒い樹海……071
ゼロの焦点……075
黒い画集 ある遭難……082
黄色い風土……087
黒い画集 第二話 寒流……091
松本清張のスリラー 考える葉……100
無宿人別帳……104
風の視線……108
花実のない森……112
霧の旗……116
けものみち……124
愛のきずな……131

第三章 1970年代

影の車……144
内海の輪……148
黒の奔流……152
砂の器……156
告訴せず……171
球形の荒野……175
霧の旗……179
鬼畜……183

第四章 1980年代以降

わるいやつら……194
疑惑……200
天城越え……207

迷走地図……214
彩り河……218
ゼロの焦点……222

コラム Column

清張映画の監督たち……051
小説を映画に変換する
――清張映画の脚本家たち……096
清張映画を彩った女優たち……136
清張映画常連脇役大全……165
清張映画の作曲家たち……189
実現しなかった清張映画
――『黒地の絵』……211

おわりに……227

造本　島津デザイン事務所
編集　岸川真＋中村健太郎

第一章
1950年代

顔

1957年　松竹

清張作品の記念すべき映画化第一号。本作封切りの約2カ月後に第10回日本探偵作家クラブ賞（現・日本推理作家協会賞）を受賞することになる短編集の表題作が原作である。製作した映画会社は、小津安二郎らを擁し人間ドラマに定評があった松竹である。

東海道線を東京へ向かって走っていた夜行列車から、堕胎専門の無免許医・飯島（山内明）が転落、沿線の町の病院に搬送されるが死亡する。転落事故と思われたが、地元の刑事・長谷川（笠智衆）は事件との見方を捨てきれなかった。長谷川の勘の通り、飯島は新進ファッションモデルの水原秋子（岡田茉莉子）によって列車内から突き落とされたのだった。かつて飯島の堕胎稼業に加担していた秋子は、モデルとしての成功を目の前にして、過去をネタにそれを阻もうとした飯島が邪魔だったのだ。だが、列車に乗り合わせていた男・石岡（大木実）は二人が言い争うところを目撃、秋子が落としたコンパクトを現場から持ち去っていた……。

原作では映画俳優として成功を収めた男性劇団員だった主人公を女性ファッションモデルに変更、

先輩モデルを踏み台にしたり男たちを手玉に取るなど、アカデミー賞を6部門受賞した名作ハリウッド映画『イヴの総て』（1950）を思わせる物語に改変されている。これは、当時の松竹及び日本映画界の状況がいくつか反映された結果だった。

当時の日本映画は会社ごとに得意分野がはっきり分かれていて、冒頭に触れたように松竹では、庶民の生活に密着した「大船調」と呼ばれるホームドラマやメロドラマが主流であった。また、この時代の日本映画界は、監督を含めたスタッフや俳優も基本的に専属制であった。大手5社（一時期は6社）の間で、専属俳優の他社作品への出演などを厳しく規制する「五（六）社協定」も結ばれていた。それゆえ、出演者の顔ぶれを見れば、その映画がどこの会社の作品かがすぐに分かったのである。これらが当時の邦画各社の〝色〟を生み出していたのだ。

松竹は、同じ短編集に収録されていた『顔』と『張込み』の映画化権を同時に獲得していた。当時の社内では、女性向け、もしくは女性を主人公にした作品だけでなく、男性系の作品も積極的に製作していきたいという声が強くなっていた。それ故、〝探偵映画〟である清張作品の映画化は歓迎され支持された。だが、社長の城戸四郎は大船調にこだわり、正反対の雰囲気である刑事・探偵ものの製作には消極的だった。そのため、刑事が主人公の『張込み』の製作にはなかなか許可が下りなかった。一方の『顔』は、当時は東宝の専属だった（後に東宝からフリーランスを経て松竹へと移籍することになる）岡田を松竹へ借り出しての主演作にするため、前述のような主人公の設定やストーリーの変更が行なわれた。このため、城戸の許可がスムーズに下りたのである。このような、松竹の社風と専属制の影響によって、結果的に本作が「清張映画」第一号になったのだ（もっとも、本作は同じ松竹でも主に時代劇を製作していた京都撮影所の作品である。後で触れるように「大船調」感が希薄だったり監督が意外な人選だったのは、そのせいかも知れない）。

だが、貧困から脱することがきっかけだったとは言え、成功と保身のためには手段を選ばないことに何の抵抗もなさそうな秋子のキャラクターは、やはり「大船調」らしくないものであり、当時の松竹映画ファンは若干戸惑ったかも知れない。ただし、後の清張作品に登場する悪女系ヒロインに一脈通じるキャラ造形とも言えるので、その点では意外に違和感が少ない。そんな秋子のキャラとのバランスを取るためか、警察やマスコミ、ひいては秋子らも翻弄する石岡のキャラもインパクトが強いものになっている。腹の内が読めない石岡を不敵な笑みを浮かべながら快演している大木は、ある意味本作の陰の主役と言えそうだ。その一方で、時に笑いを誘う人情派の刑事・長谷川を「いつもの調子」で演じた笠の演技は、安定の「松竹品質」。

監督の大曾根辰保（他に「辰夫」や「辰雄」の名義もあり）は無声映画時代から活躍していたベテランだが、その作品歴の大半が時代劇であり、本作のような現代もの、しかもミステリーは珍しい。このジャンルに慣れていないためか、ヒロインの行動に首を傾げたくなるところがあるなど、ミステリー映画としては少々雑な作りという印象を受けてしまうのも事実である。「モンタージュ写真」がイラストであり、劇中で描かれるその作成の仕方もかなり大雑把だったりと、後の清張映画の完成度と比べると思わず苦笑してしまう部分もある。とは言え、（物語の展開上、当然ではあるが）夜行列車のシークエンスで映画が始まるあたり、「清張映画らしさ」はきちんと押さえてある。

脚本を担当したのは、その後も清張映画を数多く手がけることになる名手・井手雅人と、後に喜劇映画の傑作を数多く監督する瀬川昌治。当時はフリーの脚本家として活動していたが、この後東映に入社して渥美清主演の『列車』シリーズを手がけ、その手腕を高く買った城戸に乞われて松竹に移籍、フランキー堺主演の『旅行』シリーズを成功させた。清張映画には本作しか関わっていないが、その後手がけた二大喜劇シリーズがどうしても清張作品を連想させるのは単なる偶然だろうか?

ちなみに、『顔』は現在までに12回テレビドラマ化されたが、70年代以降の6本のうち5本が本作同様女性の主人公となっている。それらのすべてを確認するまでには至っていないが、ほとんどの作品の脚色のやり方などに本作が影響を与えているようだ。

一方、「大船調」はその後も『男はつらいよ』シリーズ(1969~97)などに脈々と受け継がれ、長く松竹映画の精神的支柱となった。ところが、清張作品の映画化を最も多く行なったのも、他ならぬ松竹だった。36本中19本という圧倒的な多さである。そもそも松竹の社風から見ると異質と言える清張作品が、城戸が松竹のトップに居続けた期間も含めてなぜ松竹で映画化され続けたのか? その理由は、次の清張映画にあったようだ。

白黒 スタンダード 104分 [公開日]1957年1月22日 [製作]松竹京都撮影所 [配給]松竹
[監督]大曾根辰保(辰夫) [製作]岸本吟一 [脚本]井手雅人、瀬川昌治 [撮影]石本秀雄 [美術]水谷浩

［音楽］黛敏郎
［出演］岡田茉莉子、大木実、笠智衆、森美樹、宮城千賀子、佐竹明夫、松本克平、千石規子、小沢栄（栄太郎）、山内明、細川俊夫、内田良平、永田靖、永井達郎、十朱久雄
［DVD］松竹

張込み

1958年　松竹

映画化の成功は見事な脚色から

2作目にして、清張映画は早くも、ミステリー映画のみならず日本映画全体でも傑作の呼び声が高い作品を生み出した。

東京・目黒で発生した強盗殺人事件の犯人の一人・石井（田村高廣）が、拳銃を持ったまま逃走。警視庁の捜査一課では、石井が昔の恋人・さだ子（高峰秀子）に会うために、佐賀市にある彼女の嫁ぎ先に現れるとにらみ、若手の柚木（大木実）とベテランの下岡（宮口精二）の両刑事が現地に派遣される。二人は、さだ子が後妻として嫁いだ銀行員の横川（清水将夫）の家の真正面にある木賃宿に投宿、張込みを開始する。大した動きが見られず張込みの打ち切りが決まった7日目、さだ子が動き始める……。

主人公たちが部屋にこもって正面の家の中の様子を窺う……という、本作で最も多く登場するビジュアルは、ヒッチコックの名作『裏窓』（1954）を連想させる。だが本作では、カメラも主人公たちも自由に〝外出〟する。閉鎖的な舞台で展開するサスペンスである『裏窓』に対して、本作は刑事たちの張込みの様子をリアルにドキュメンタリー・タッチで描く一方、さだ子や刑事たちの心理も丁寧に描き、それぞれのドラマが要所で物語を盛り上げる。短編である原作を内容の濃い2時間ものの映画へと昇華させた手腕は見事（上映時間90分前後とコンパクト気味にまとまったプログラム・ピクチャーが全盛だった当時の日本映画において、2時間弱の長さのこの映画は、A級大作に近い作りだったと言える）。

本作も、映画化にあたってかなりの改変が行なわれているが、あまり「いじり回した」という感じがしない。これこそまさに、脚本家が原作の芯となる部分を理解した上でそれを損ねることなく、映画としてきちんと成立するような物語にした好例だろう。日本映画史に残る名脚本家・橋本忍は、こういう仕事をやらせたら右に出る者はいない。この後も橋本は、清張作品だけでなく様々な原作付き映画において、ファンを納得させる数多くの名脚本を生み出していくことになる（彼と清張映画の関係については後で詳しく触れる）。

主な改変点をいくつか挙げてみよう。まず、原作では「九州のS市」となっていた物語の舞台を、実在の佐賀市（清張の妻の実家に近く、また清張は終戦直後にこの地域で藁ボウキの仲買のアルバイトをしていた）に設定。おかげで、撮影にあたっては佐賀県や佐賀市をはじめ地元の全面的な協力を得た上で、現地を中心に大々的なロケ撮影が行なわれた。

原作で張込みを行なうのは柚木一人だけだが、映画では下岡（原作では柚木と同世代という設定で、冒頭のみに登場する脇役）とのコンビで行なわれる。劇的な盛り上げなどいろいろな理由が考えられるが、橋本が「警視庁の刑事は捜査の際には二人一組で行動する」と聞いていたこともその一つだろう。橋本は映画化決定の際に松本の自宅を訪問してこの疑問をぶつけると、松本は一緒に警視庁へ取材に行くことを提案。これが結果的に、製作にあたって警視庁の協力を得ることにまでつながったという。映画化にあたってより良いものにしようと非常に協力的だった清張のこの姿勢に、橋本はとても感動したという。前述のような橋本の才能に加えて、お互いへの信頼と尊敬が見て取れる清張と橋本のこのような関係が、その後も数々の傑作を生んでいったのであろう。

〝職人監督〟の執念

先述の通り、清張映画を最も多く製作したのは松竹であるが、中でも同社の屋台骨を支えた名監督の一人である野村芳太郎が手がけた作品が、全体の約4分の1を占める8本。もちろん最多である。この松竹のエース監督がミステリー好きだったことが、松竹において清張映画が最も多く製作された一因であることは間違いないだろう。原作＝清張・監督＝野村という、日本映画史に残る名コラボの記念すべき第1作が本作というわけである。

とは言え、当時の野村は監督デビューしてからまだ6年目。会社の命令で様々なジャンルの作品（しかも、高い評価を得た佳作もあったが、ほとんどがB級映画）を手がける、いわゆる〝職人監督〟であった。だが、本作は何が何でも自分の満足のいく作品にしたいという強い思いがあったようで、その気迫が観る者にひしひしと伝わってくる仕上がりとなった。

その証拠に、この作品は現在の視点で観ても驚かされる部分が結構多い。特に冒頭、柚木と下岡が横浜から佐賀へと夜行列車で向かう道中の様子が、約7分間にわたって丁寧に描かれる。この部分の撮影にあたって、何と本物の夜行列車の最後尾に撮影用の貸し切り客車を連結、俳優やエキストラたちは実際にそれに乗って、撮影を行ないながら九州まで行ったという。もっと簡単に撮影する方法はあったはずだし、極端に言えば「遠路はるばる」的な挨拶のセリフで済ますことだって可能だったはずである。このあたりは、当時の鉄道旅行の大変さをリアルに描くと同時に、鉄道や旅行に愛着を持つ清張への敬意を表すものとして付けられたのかも知れない。

その後、佐賀に到着した二人が地元の警察に挨拶を済ませ、「お誂《あつら》え向き」の宿で張込みを開始するところで画面いっぱいに『張込み』のタイトルが現れるのだが、それまでの、いわゆるアバン・タイトルの部分が（前述の夜行列車の部分もあるので）約10分。現在の日本映画でもなかなか無い長さである。また、それに続くオープニング・タイトルも、当時としては異色である。当時の日本映画のクレジット・タイトルは、題名→スタッフ→キャスト→監督の順で表示され、ほとんどのメイン・スタッフとキャストはすべて表示される。だが本作では、このオープニングで題名→主役クラスのキャスト→主要スタッフ→監督だけが、エンディングで改めてすべてのスタッフとキャストが表示される。これは、80～90年代の日本映画で流行したスタイルであり、当時の邦画ではまず見られなかったものだ（増村保造が、ほぼ同時期に似たような形のタイトル表示を行なっていたぐらいか）。当時としては、どちらかと言えば洋画のそれに近い感覚だったのかも知れないが、いずれにしても観客の意表を突いたスタイルだった。

そして極めつけはクライマックスの序盤、さだ子と石井が乗ったバスを追うべく柚木が乗り込んだタクシーが疾走する様子を上空から捉えたショットが、結構長く続く。当時の邦画ではまだまだ珍しかった空中撮影を大胆に取り入れたのも、「大作感を出したかった」という野村のアイディアだったようだ。それに、それまで延々と続いていた、閉塞感が強い旅館での張込みシーンとの鮮やかな対比という意味合いもあるのだろう。

本作は、清張映画初のワイド・スクリーン作品でもある。当時、邦画各社がこぞって大型画面の作品を製作し始め、松竹も前年に独自のシネマスコープである「松竹グランドスコープ」を導入した。本作では横長の構図を効果的に活用しており、特に九州でのロケ撮影の場面での効果は絶大である。もちろん例の空撮シーンも、シネスコの作品だからこそ出て来たアイディアだったのかも知れない。

とは言え、先ほど触れた現地ロケにしても、ありがちな観光PR的効果を狙ったものではない。いわゆる観光名所がほとんど画面に登場しないのがその証拠である。現地ロケは、あくまでも物語の〝よりリアルな背景〟を狙ったものであることは間違いない。東京近辺にはない地方都市の空気をカメラに収めることこそが、野村の目的だったのだ。

リアリズムを追求しながら、ここぞというところでは映画的ダイナミズムをぶつけてくる。野村のこの姿勢は、自作をはじめ松竹の清張映画全体の基本フォーマットになったと言えるだろう。

"推理映画"の地位向上に貢献

本作は、キャスティングが充実している点も注目に値する。清張映画に連続登板の大木実は、『顔』での一種の悪役から一転、人間味あふれる熱血キャラである柚木を熱演。「夜行列車に乗る大木実」のシーンで映画が始まるところが『顔』と共通しているのは、偶然の一致だろうが面白い。余談だが、大木はこの後、大映の『黒蜥蜴』（1962）に東映の『江戸川乱歩全集 恐怖奇形人間』（1969）と、いずれもカルト的人気を誇る作品で、名探偵・明智小五郎を演じている。

ベテランならではの落ち着きに満ちた下岡役に、宮口精二はまさにうってつけだった。黒澤明の代表作『七人の侍』（1954）で演じたストイックな剣の達人・久蔵の影をチラつかせながら、柚木を様々な面で支える頼もしい先輩を好演している（ついでにもう少し余談をすると、下岡と柚木との関係は、『七人の侍』で木村功演じる若侍・勝四郎と久蔵のそれをどことなく連想させるが、下岡は久蔵ほど寡黙ではないし、柚木も勝四郎ほど青くはない。どちらかと言えば、同じ黒澤作品でも本作と同じ刑事ものであり清張も絶賛したという『野良犬』［1949］の刑事コンビ、佐藤［志村喬］と村上［三船敏郎］の方が近いだろう）。宮口はこの後も、『共犯者』、『黒い画集 第二話 寒流』、『無宿人別帳』と、会社の枠を越えて清張映画にたびたび出演した。

本作の肝となるのは、もちろんヒロインのさだ子である。20歳も年上の厳格な銀行員に嫁ぎ、「判で押したような」自由の無い毎日を送るうちに、すっかり抜け殻のような人間になってしまう。柚木たちから「歳より老けて見える」、「生気の無い」とボロクソな言われようだった彼女が、石井との再会で〝女〟を取り戻す。増村保造＝若尾文子のコンビ作品に出てきそうな設定だが、ここではあくまでもドキュメンタリー的作りを重視して、そのあたりを極力抑えた描き方になっている。もちろんそれは、さだ子のそのような変化を見事に表現した高峰秀子の演技力があってこそ成功した演出である。木下惠介の『二十四の瞳』（１９５４）や成瀬巳喜男の『浮雲』（１９５５）をはじめ、日本映画を代表する巨匠たちの作品に出演した彼女の実力が遺憾なく発揮された作品だ。

まさに石井を待ち続けた柚木と下岡を思わせる野村の執念と気迫が、本作をミステリー映画の枠を越えた傑作に仕上げた。大ヒットを記録しただけでなく、この年の『キネマ旬報』ベストテンで第８位に選出されるなど、各方面から高い評価を受けた。何より、清張自身も本作を高く評価していた。本作が興行的にも批評的にも大成功を収めたことで、松竹における清張映画、そして推理映画の地位は一気に向上、一段低い扱いからA級待遇へとランクアップされることになるのである。

白黒　松竹グランドスコープ　116分　［公開日］1958年1月15日　［製作］松竹大船撮影所　［配給］松竹
［監督］野村芳太郎　［製作（企画）］小倉武志　［脚本］橋本忍　［撮影］井上晴二　［美術］逆井清一郎　［音楽］黛敏郎
［出演］大木実、宮口精二、高峰秀子、田村高廣、高千穂ひづる、清水将夫、浦辺粂子、菅井きん、内田良平、小田切みき、北林谷栄、芦田伸介、藤原釜足、文野朋子、多々良純
［DVD・BD］松竹

眼の壁

1958年　松竹

1958年秋。清張の小説が立て続けにベストセラーになったことに加えて、『張込み』の興行的・批評的成功もあり、ついに大手映画会社がこぞって清張作品の映画化に乗り出すブームが訪れた。何と、約1カ月の間に4本の清張映画が公開（うち2本は同日公開）されるという事態が発生したのだ。その先陣を切ったのは、やはり松竹だった。前年、『週刊読売』に連載され好評を得ていた同名小説を、連載中にいち早く映画化決定した動きの早さは、まさに同社における清張映画の格上げの顕著な証拠である。

昭和電業の会計課長・関野（織田政雄）が自殺した。彼はパクリ屋による手形詐欺に遭い、会社に多大な損失を被らせたことを苦にしたのだった。関野の部下で彼を恩人と慕う萩崎（佐田啓二）は関野の遺書から事の経緯を知ったが、事件が公になると会社の信用にかかわるため、社の上層部は警察に訴えることもできない。萩崎は会社を休み、一人で真相を究明しようとする。親友の新聞記者・田村（高野真二）の協力で、関野が最初に接触した高利貸しの秘書・絵津子（鳳八千代）をはじめ、代議士や政界の黒幕など様々な人間が事件に関与していることが判明する。だが、萩崎とは別にこの事件を探っていた元刑事の田丸（多々良純）や昭和電業の顧問弁護士・瀬川（西村晃）ら、事件に関係する人物たちが次々に死亡、萩崎の身にも危険が迫る。そんな状況にもかかわらず調査を続けた萩崎は、長野県のとある村に事件のカギがあることを突き止め、現地に向かう。そこで彼は、事件に関係する人々の意外な繋がりを知る……。

本作は、『張込み』の成功による〝ランクアップ〟が行なわれたことがはっきりと分かる清張映画である。監督と主演に、一世を風靡して松竹映画の代表作となった『君の名は』三部作（1953～54）の大庭秀雄と佐田啓二のコンビを起用したことからも、そのことが如実に感じられる。特に、当時の松竹を代表する二枚目スターだった佐田（今では「中井貴一の父親」と言った方が通りが早いだろう）を主役にキャスティングしたのは、〝格上げ〟の最も分かりやすい例であろう。また、『東京物語』（1953）など小津安二郎作品の多くを手がけた名カメラマン・厚田雄春が撮影を担当している点も同様だ。

とは言え、やはり城戸の発言力が強かったのか、映画化に際しては物語の中心となる経済犯罪についての描写を軽めにして、萩崎の人間描写に重点を置いている。絵津子とのロマンスの要素が強くなっているのは、いかにも松竹的な脚色と言えるだろう。

『君の名は』をはじめメロドラマを数多く手がけた大庭の起用も、その辺が理由なのかも知れない。ただ、これはあくまでも私個人の推測なのだが、以下のような事情があったのではないだろうか。『張込み』の九州ロケでは野村が会社の意向に反してまで粘って撮影を行なったため、会社首脳部と対立。

各地でのロケ撮影が必要となる本作では、『君の名は』で全国各地でのロケを手際よく行なった大庭を起用することにした――。ともあれ、これらいくつかの理由から、松竹のエース監督の一人である大庭が（彼のキャリアの中では異質な）推理映画に登板することになったと思われる。

原作は、昭和電工事件など実際の贈収賄事件が執筆のきっかけとなっており（萩崎らの会社の名前に、そのダイレクトな影響が見て取れる）、その点ではいわゆる社会派推理小説としての性質を持っているものであった。しかし、映画化に際しては前述のような脚色が施されているため、清張映画としては再びメロドラマ臭が強めの作品になっている。だが、壮絶な展開を見せるクライマックスなどはほぼ原作に即した形になっているので、原作の肝心な要素はきちんと活かされていると言える。もっとも、妙にドタバタした大捕物からホラー映画にすら近い展開になるクライマックスは、メロドラマ的雰囲気が強めのこの映画の中では少々浮いているという感じもするが……（もちろん、推理映画として見た場合、これは本末転倒であることは言うまでもない）。

絵津子役の鳳八千代は、本作が松竹との専属契約を結んだ後の初出演。田村のフィアンセ・章子（原作には登場しない映画独自のキャラクター）に扮した朝丘雪路ともどもWヒロインといった感じだが、二人とも宝塚歌劇出身（鳳が37期生、朝丘が39期生）という共通点がある。

脇役が重厚で豪華な点も注目に値するが、戦前からの映画スターだった宇佐美淳也以外は、西村晃、多々良純、三津田健、永井智雄など新劇関係の俳優が多いのが特徴か。当時はデビューして数年の若手俳優で後に大島渚作品の常連となる渡辺文雄が、本作では後に彼の定番となるインテリ系キャラとは正反対の軽めのバーテンダーに扮している（60年代あたりまではこういう役が多かった）。

前述のような改変はあったものの、鉄道がたくさん登場したり地方ロケのシーンも多いなど、清張映画としてのポイントはしっかり押さえた作品になっている。何より、清張映画や推理映画が転換期に入ったことを象徴する作品として、記憶に値する作品であることは間違いないだろう。

白黒　松竹グランドスコープ　95分　［公開日］1958年10月15日　［製作］松竹大船撮影所　［配給］松竹
［監督］大庭秀雄　［製作］小松秀雄　［脚本］高岩肇　［撮影］厚田雄春　［美術］芳野尹孝　［音楽］池田正義
［出演］佐田啓二、鳳八千代、高野真二、朝丘雪路、織田政雄、宇佐美淳也、渡辺文雄、西村晃、多々良純、山路義人、左卜全、三津田健、永井智雄、十朱久雄、三谷幸子
［DVD］松竹

共犯者

1958年　大映

『眼の壁』の公開の1週間後、ついに松竹以外の映画会社が初めて製作した清張映画が2本、同じ日に公開されることになった。製作したのは大映と日活。どちらも、犯罪ものやアクション映画には慣れている会社ではある。その一方はやはり短編の映画化で、清張ゆかりの福岡を舞台にした作品であった。

福岡市の繁華街で営業する大型家具店の社長・内堀彦介（根上淳）は地域の人々の信用も厚く、地元の有力者の娘・雅恵（叶順子）との結婚を目前に控えていた。だが、彼には誰にも言えない過去があった。5年前、食器のセールスマンをしていた内堀は、漆器のセールスマンの町田（高松英郎）と共謀して銀行強盗に成功した。二人は奪った大金を山分けにすると、今後はまったくの他人となって接触をしないという約束をして別れた。その後、手に入れた大金を元手に努力して今日の成功を築き上げた内堀にとって今や町田の存在だけが脅威だったが、町田は消息不明だった。町田が現在の内堀の状態を知ったら、過去をネタに脅迫しに来るかも知れない。強い不安を覚えた内堀は、町田の故郷の宇都宮に住む竹岡（船越英二）という男を雇い、町田の動向を調査させた。彼の報告によると、地元での事業に失敗した町田は、ほとんど無一文の状態で居所をどんどん西へ移しているという。内堀は、町田が自分を脅迫するために福岡に向かっていると確信する……。

清張作品でよく見られる設定の一つ、「自分の秘密の露見を恐れる主人公」の物語である。〝秘密〟が自分の過去（多くは犯罪）だったり、秘密を守るため犯罪に手を染めたり……と様々なバリエーションを生み出すが、いずれも主人公の焦燥感を丁寧に描くことで劇的緊張感を盛り上げている。こうした心理描写の巧みさも清張作品の大きな魅力の一つであり、映画化に際してもそれを上手く表現できるかどうかが成功のカギとなる。その点では、人間ドラマや文芸作品を得意としていた松竹での清張作品の映画化がほとんど成功したことは、納得できる。

本作を製作した大映も、「母もの」をはじめとする人間ドラマや『炎上』（1958）など文芸作品の傑作を数多く生み出したが、一方で片岡千恵蔵の『多羅尾伴内』シリーズ（1946～48）などの探偵映画や数々の犯罪映画を量産してきた。本作もどちらかと言うとその路線の作品として企画・製作された可能性は高い。松竹作品ほどの人間ドラマの深みはないものの、町田が次第に福岡に迫ってくることに焦りを募らせる内堀の描写には念が入っている。もしかすると製作者たちは、原作の展開に西部劇の名作『真昼の決闘』（1952）と同様のサスペンス要素を感じたのかも知れない。とは言え、それ以外の部分はかなり原作に手が加えてある。竹岡の描写に比重がかかっているが、正直言ってこの部分が作品の緊張感をかなり削いでしまっている感があるのは否めない。いささか「やり過ぎ」感

福岡市・櫛田神社前での『共犯者』ロケ撮影時のスナップ。手前が主演の根上淳。
写真提供：中島賢氏（元・大映九州支社宣伝課長）

が漂うラストの大幅な変更も賛否分かれるところだが、原作にはない見せ場を加えたクライマックスの展開は、これが当時の大映らしい、一種のサービス精神の表れだったと解釈することもできる。まさに「所（＝会社）変われば」である。また、清張映画では初めて、清張の「出身地」である北九州市でロケが行なわれたという点も特筆に値する。

　監督の田中重雄は戦前から活躍していたベテランで、手がけたジャンルも幅広い。この辺りは松竹における野村芳太郎のケースに似ているが、田中の手がけた作品はメロドラマから歴史スペクタクル（『秦・始皇帝』１９６２）、怪獣映画（『大怪獣決闘　ガメラ対バルゴン』１９６６）、江波杏子の『女賭博師』シリーズ（１９６６〜７１）の半数近く、若者向けの過激な青春映画（『高校生番長　ズベ公正統派』１９７０）と、野村以上に振り幅が広い。もちろん、犯罪ものや男性アクションも少なからず撮っていて、本作への起用は（当時の大映においては）必然と言えるものだった。

脚本の高岩肇もキャリアの始まりは戦前。各社の作品を担当したが、二本柱は明智小五郎もの『氷柱の美女』（１９５０）などのミステリー・犯罪系作品と、市川雷蔵の『忍びの者』シリーズ（１９６２〜６６）のほとんどの時代劇。本作はもちろん前者の実績からの起用だろうが、前週公開の『眼の壁』も担当している。清張映画はもう１本、３年後の『黄色い風土』も手がけている。大雑把な分類だが、清張映画の中でも「犯罪映画」の色が強めのものばかりといった感じである。

内堀役の根上淳は大映の二枚目スターとしてブレイクしたが、次第に悪役などもこなす性格俳優へと芸域を広げていった。本作はまさにその過渡期の作品だ。後に歌手のペギー葉山と結婚、そのおしどり夫婦ぶりは有名だった。

いかつい風貌から悪役が多かった高松英郎にとって、町田役はまさに当時の彼がたびたび演じた役柄の典型的な例だと言える。ただ、凄味の利いた単純な悪役だけでなく、意志が強固で強引だが悪人ではない脇役も多く、それが後のテレビドラマ『柔道一直線』（１９６９〜７１）などの頑固一徹系のキャラにつながったと言える。

竹岡を演じた船越英二も、二枚目スターから性格俳優へと演技の幅を広げていったという経歴は根上と似ている。特に、『盲獣』（１９６９）などの増村保造監督作品では狂気を孕《はら》んだ役も少なくなかった。

後の『時間ですよ』（1970〜73）や『熱中時代』（1978〜79他）などのテレビドラマでの気弱もしくは温和な役柄からは想像できないような強烈なキャラも少なくなかった。当然、本作のような犯罪・サスペンス系の作品にも多数出演した。「2時間サスペンスの帝王」の異名を持つ息子の英一郎は、その点でも間違いなく父の遺伝子を受け継いでいるようだ。

善悪どちらの役もこなす彼ら3人は、単純にタイプ分けができない本作の主要人物たちのキャストにはまさにピッタリだったようだ。なお、大映の犯罪・ミステリー系作品を代表する『黒』シリーズには、彼らに雅恵役の叶順子を加えた4人のうち根上以外の3人が複数作ずつ出演している（根上は1本のみ）。彼らはいわば「大映ノワール」の〝顔〟だったと言える。もちろん、本作の後にも大映は清張映画への挑戦を続け、彼らはもちろんそれらにも出演することになる。ただ、大映はその多彩な得意ジャンルのおかげで、翌年に「意外な清張映画」も製作することになる。

ちなみに、『共犯者』は本作の後に6回テレビドラマ化されているが、2000年代に入ってからは『顔』と同様主要人物たちが女性という設定に変更されているのが特徴だ。

白黒　大映スコープ　95分　［公開日］1958年10月22日　［製作］大映東京撮影所　［配給］大映
［監督］田中重雄　［製作］永田秀雅　［脚本］高岩肇　［撮影］渡辺公夫　［美術］柴田篤二　［音楽］古関裕而
［出演］根上淳、船越英二、高松英郎、叶順子、宮口精二、八潮悠子、町田博子、若松和子、山茶花究、星ひかる、倉田マユミ、多々良純、目黒幸子、杉田康、早川雄三
［DVD］未発売

影なき声

1958年　日活

『共犯者』と同じ日に、こちらも清張映画初参戦の日活が製作した本作が公開された。原作は短編の『声』で、清張映画としては初めて原作と異なる映画化タイトルが付けられた。そして、今から考えると（少なくとも清張映画としては）意外過ぎる監督がメガホンをとっている。

毎朝新聞の電話交換手・朝子（南田洋子）は、ある夜誤ってとある質屋に電話をかけてしまう。だが、そこは殺人が行なわれている真っ只中であり、彼女は電話に出た犯人の声を聞いてしまう。人並外れた聴力を持つ彼女は捜査に協力し多数の男たちの声を聞くが特定に至らず、事件は迷宮入りしたまま3年の歳月が流れた。朝子は広告社に勤める茂雄（高原駿雄）と結婚していたが生活は苦しく、しかも気の弱い茂雄は社長の浜崎（宍戸錠）に強制され、自宅を賭け麻雀の場所として提供させられていた。ある日、朝子は電話の受話器から聞こえた浜崎の声を聞いて慄然とする。それは3年経っても忘れることのできない、質屋殺人事件の犯人の声だった。電話の機械を通した状態で、初めてその時の記憶と一致したのだ。だが、その浜崎が殺害され、茂雄が犯人として逮捕されてしまう。朝子とは旧知の仲だった毎朝の事件記者・石川（二谷英明）は事件にいくつかの疑問点を見つけ、独自に調査を始めるが……。

本作の監督は、独特の映像美学で海外での評価も高い鈴木清順。戦後、松竹大船撮影所の助監督として映画人としてのキャリアを始め、その後日活へ移籍する。松竹時代に付いた監督の一人が中村登、日活への移籍を勧めたのが西河克己と、偶然にも後に清張映画を手がける監督との縁があった。日活では赤木圭一郎の初主演作『素ッ裸の年令』（1959）や『肉体の門』（1964）など多彩なジャンルの作品をこなすが、個性の強過ぎる作風は会社上層部の反感を買い、『東京流れ者』（1966）のラスト撮り直し命令に続き『殺しの烙印』（1967）が社長の堀久作の逆鱗に触れ、日活から解雇されてしまう。その後、10年間の沈黙の後で映画監督に復帰、『ツィゴイネルワイゼン』（1980）など世界的に高い評価を受けた作品を作り続けた。

個性的映像美の清順とドキュメンタリー的性質が強い清張では、まさに水と油のような関係に思える。だが、本作当時の日活の状況を考えると、実は納得できる部分もあるのだ。石原裕次郎作品をはじめとする、いわゆる「無国籍アクション」の全盛期だった本作公開の頃以前から、日活は犯罪映画もコンスタントに製作していた。鈴木もこの頃は犯罪系の映画をいくつか撮っていたことから、本作の監督に起用されたのかも知れない（会社としても、その線を狙っていたのは間違いないだろう）。しかも、監督デビューしてから数年間は、比較的正攻法の演出の作品ばかりだった。後の彼の作品を観た後で観ると、本作もかなり「まともな」作りの作品になっていて驚かされる。朝もやの中の田園風景を捉

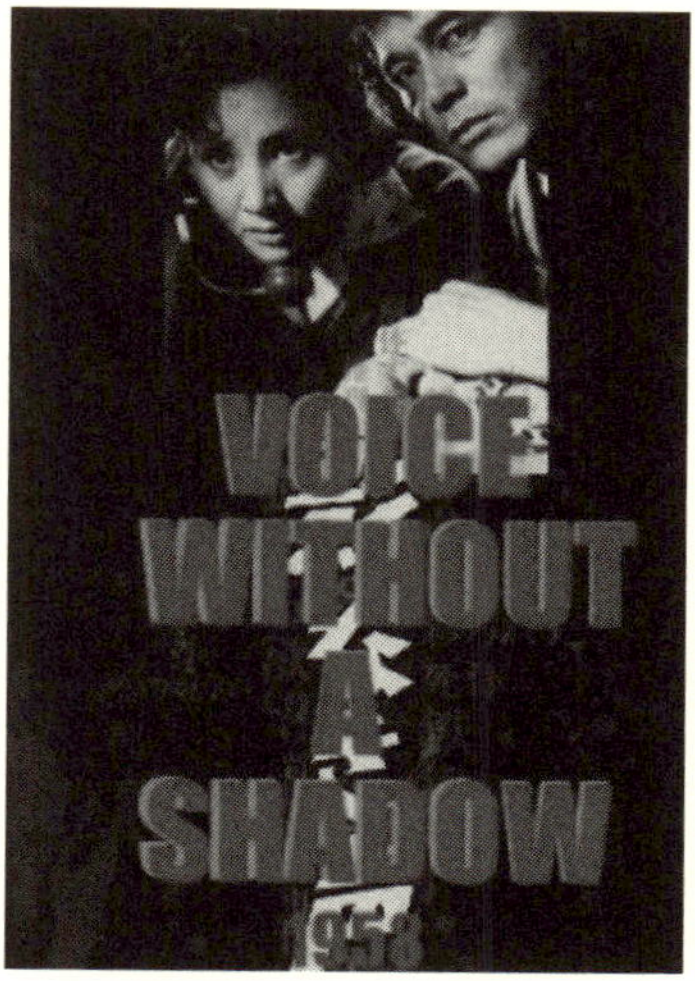

『影なき声』の海外版ポスター

えたカットはクラシカルな美しさに満ちているし、夜の貯炭場で石川たちめがけてクレーンが落下してくるシーンは、欧米のサスペンス映画ばりに光と影のコントラストが利いた白黒映画ならではの画作りである。とは言え、クライマックスの殺人回想シーンではひび割れた鏡に映し出されたような不思議な画面構成になるなど、個性的な画作りはすでに実践されていたようだ（彼の作風の劇的な変化は60年あたりからだというのが、最近の定説になっている）。

脚本担当の一人である佐治乾《すすむ》は、本作の頃は主に日活や東映でアクションものやギャング映画を手がけたが、後年には日活ロマンポルノから国民的大ヒット作となった『南極物語』（１９８３）、そしてテレビの「２時間サスペンス」まで、振り幅の広い仕事ぶりを見せた。その中には、テレビ版『黄色い風土』（１９６５～６６）も含まれている。本作は、ヒロインの名前の読み方（原作では「ともこ」だが映画では「あさこ」）や彼女の運命など、原作と異なる点がかなり多いが、これらの多くはまさに当時の日活のサスペンス映画〝らしい〟作品に近づけるための改変だったと言える。

朝子役の南田洋子は、55年に製作再開直後の日活へ大映からスター待遇で移籍、『太陽の季節』

（1956）や『幕末太陽傳』（1957）などのヒット作への出演が続いていた時期に、本作に出演した。共演の男優陣は、まさに日活アクション映画でおなじみの顔ぶればかり。後に「ダンプガイ」の愛称で主役から敵役まで幅広くこなすことになる二谷英明、小林旭の『渡り鳥』シリーズ（1959～62）などの不敵な敵役のイメージそのままで本作前半でも活躍する「エースのジョー」こと宍戸錠、日活アクションの常連悪役だった芦田伸介と金子信雄、後に宍戸と共に出演したテレビの『どっきりカメラ』（1969～89）でお茶の間の人気者になる野呂圭介、舞台出身で他社作品への出演も多い高原駿雄や内藤武敏……。以後の清順映画にたびたび出演する俳優も少なくないものの、この顔ぶれだけ見ても「普通の」日活クライム・サスペンスである。

清張ブームが生み出した珍品と言えなくもないが、当時はまだ控えめだった清順の個性と清張の作風が奇妙にマッチした、独特な味わいの作品だ。

白黒　日活スコープ　92分　［公開日］1958年10月22日　［製作・配給］日活　［監督］鈴木清順
［製作（企画）］岩井金男　［脚本］秋元隆太、佐治乾　［撮影］永塚一栄　［美術］坂口武玄　［音楽］林光
［出演］南田洋子、二谷英明、宍戸錠、芦田伸介、金子信雄、野呂圭介、高原駿雄、植村謙二郎、内藤武敏、雪丘恵介、近藤宏、松下達夫、柳谷寛、初井言栄、長弘
［DVD・BD］英Arrow Video（国内盤未発売）

点と線

1958年　東映

日本初の本格鉄道ミステリー映画

「1958年秋の清張映画バトル」のトリを務めたのは、清張の代表作の一本にして、日本の鉄道ミステリーの最高峰でもある名作の映画化だった。

福岡市の郊外・香椎の海岸で、心中と見られる男女の死体が発見される。男は産工省の課長補佐・佐山（成瀬昌彦）、女は東京・赤坂の料亭の女中・お時（小宮光江）。疑いの余地もなく合意の上での心中と思われたが、所轄の東福岡署のベテラン刑事・鳥飼（加藤嘉）だけは、佐山の遺留品などからその見方に疑問を抱く。鳥飼は上京して捜査した結果、お時と同じ料亭の女中二人が、〝心中〟の数日前に東京駅のホームで夜行特急「あさかぜ」に乗車する佐山とお時の姿を見たことを突き止める。1カ月後、警視庁捜査二課の三原刑事（南広）が東福岡署を訪れる。佐山は三原が追っていた産工省の汚職事件のカギを握る人物であり、三原はこの〝心中〟が汚職と関係があると睨んだのだ。三原と鳥飼は捜査を行ない不審な点をいくつか発見するが、心中を否定する確証を得ることはできなかった。空しく東京へ戻った三原だったが、ふとしたきっかけからこの一件に、産工省に出入りする機械工具商の社長・安田（山形勲）が関係していることを突き止め、福岡の一件にも彼が関与しているのではないかと疑う。だが、肺結核で療養中の妻・亮子（高峰三枝子）を抱えた安田には、完璧なアリバイがあった……。

本作も、清張映画は初めてとなる東映の製作である。当時の東映は京都撮影所の時代劇が全盛で、いまだに同社の代名詞の一つとなっている。一方、主に現代劇を製作していた東京撮影所では、大映などと同様に犯罪映画やギャングもの、そしてミステリーなどが量産されていた。そんな東映が当時の清張ブームを見過ごす筈はなかったが、〝その手〟の映画製作に慣れているため、本作も登場人物の内面描写を簡潔にするなどして事件の推移をテンポよく描き、コンパクトな構成になっている。そのせいか、本作は原作が長編にもかかわらず、それまでの清張映画の中では最も短い上映時間（85分）となっている。これほど短尺の作品は、本作の後でも、短編である原作にかなり忠実に映画化して1時間弱の中編映画になった『危険な女』と、本作と同じ長さの『考える葉』があるだけである（ちなみに『考える葉』も東映作品）。これも、できるだけ謎解きに観客を集中させようという製作者側の狙いだったのか、「ミステリーに深い人間描写は不要」という考えが当時の東映にあったからかも知れない。

実は、いわゆる「空白の4分間」（東京駅で13番ホームから15番ホームまで見える状態になる時間）を利用したトリックについて、原作ではあまり詳しい説明がなされておらず、原作の発表当時からその点を指摘する声がいくつか上がっていた。ところが、この映画版はテンポよく進行するせいか、（少なくとも活字で読む場合よりは）その粗《あら》が目立たなくなっている。もちろん、鋭い人はそれが気になって映画を観ながら心の中でツッコミを入れるだろうが……。もしかすると、これも演出上の狙いだったのだろうか？

とは言え、時刻表を熟読した上で、国鉄（当時）の列車はもちろん、青函連絡船や私鉄（西日本鉄道）、さらには飛行機まで総動員して綿密に立てられた殺人計画のトリックは当時としては非常に斬新であり、現在にまで続くこの手の作品のパイオニアであったことは間違いない。もちろん、それを映画化した本作も、それまでの日本映画にはほぼ皆無だった本格的な鉄道ミステリー映画の先駆けとなったわけで、その存在意義は大きい。

清張映画と〝色〟

本作には、特筆に値するポイントである、清張映画もう一つの〝初〟がある。清張映画にようやく色彩が付いた、つまり初のカラー作品ということである。以下、『点と線』から少々離れたいささか俯瞰《ふかん》的な話になるが、ご了承いただきたい。

『カルメン故郷に帰る』（１９５１）を皮切りに、日本映画でも本格的にカラー作品が製作されるようになったが、すぐに日本映画全体が一気にカラー作品へと移行したわけではなく、『点と線』が製作された50年代末頃までは、まだまだ白黒映画も多かった。それには、大きな理由が3つあった。

①カラーフィルムがまだ高価だったこと。当時は、カラー作品というだけで一種の大作扱いだった。予算の少ないBクラスの作品は、60年代初頭まではほとんど白黒で製作されていた。

②技術的な問題。当時の国産カラーフィルムは開発途上であり、監督が思うような色彩が表現できない場合が少なくなかった。黒澤明が『どですかでん』（1970）までカラー作品を撮らなかった（撮れなかった）のが、その代表的な例である（①の原因にも、生産コストを抑えられなかったという技術的な問題が含まれていたと言える）。

③白黒映画独特の雰囲気や迫力を重視した監督が、敢えてカラーでの製作を避けた。例えば、『第三の男』（1949）がもしカラー作品だったら、あれだけの傑作に成り得ていただろうか？……と考えていただければ理解しやすいだろう。

カラーフィルムの生産技術の向上などにより①と②の問題がほぼ解消されたのか、昭和40年代に入った頃から白黒映画の製作本数は急激に減少し、これ以後製作された白黒映画のほとんどは③の理由によるものだったと言ってよさそうだ。近年に至っては、むしろ白黒映画の方が手間もコストもかかるようになってしまったらしい。

では、清張映画の場合はどうだろうか。全36本のうち、白黒作品は何と半数に近い17本。最後の白黒作品は1965年の『けものみち』。まさに白黒映画が減少し始めた頃である。リアルな雰囲気が重視される清張映画の場合は、白黒が似合う作品が多かった。つまり、③が主な理由だったと見ることができる。ただし、『点と線』以前については、①も大きな理由の一つだったと思われる。前述のように、それまではミステリーや推理映画は一段低く見られていた状況であり、当然、予算もあまりかけられなかった。となると、必然的に白黒で製作されることになる。ただ、白黒画面が雰囲気を盛り上げるという効果を生んでいたので、結果的にはプラスに作用していたと見ることができる。

ここでようやく『点と線』に話が戻る。これまで述べてきた流れから考えると、本作も白黒で撮影されたとしても不思議ではない。九州だけでなく北海道などでもロケ撮影を行なう必要がある本作は、むしろ白黒で撮影して製作費を抑えようと考えるのが自然である。だが、これはあくまでも私の推測だが、そのロケ撮影が逆に本作をカラー作品にした理由の一つだったように思えて仕方がない。もちろん、東映としては初の清張映画ということで本当に大作扱いだったのかも知れない。だが、福岡や北海道など各地の風景をスクリーンに映し出すのなら、せっかくだからカラーにしよう……。そんな考えが、本作の製作陣の中にあったのではないか。事実、本作以降の清張映画では、特に地方ロケが大きな比重を占める作品を中心に、カラー作品が着実に増えている。恐らく、清張作品の重要な要素の一つが〝旅〟であることに、製作者たちがこの頃になってようやく気付いたのかも知れない。いわゆる「観光ＰＲ映画」にはならないにしても、登場人物が長い旅に出ることが多い清張映画は、カラー映画にうってつけの題材だと判断されたように思われる（もっとも、監督の小林恒夫によると、福岡へはロケの下見＝ロケーション・ハンティングには行ったものの、香椎周辺のシーンの実際の撮影は、スケジュール等の都合で千葉や神奈川など東京から比較的近い場所で行われたという）。

それに加えて、東映は元々カラー映画の製作に積極的だったという事実もある。国産カラーフィルムの現像を行なっていた小西六写真工業（現・コニカミノルタ）の系列企業であった日本色彩映画株式会社を、本作の翌年に東映のグループ企業として再発足させた。同社は後に東映化学工業、さらに現在は東映ラボ・テックと社名を変更、他社の作品も含めてカラーフィルムの現像を数多く手がけてきた。このような背景からも、当時の東映ではカラー映画が製作しやすい状況であり、本作もその流れに乗れたのであろう。

テンポとリアリズムと分かりやすさ

本作は興行・批評の両面で成功を収めたが、その理由は、人間ドラマを極力省きテンポアップを図るという、敢えて松竹作品とは違ったアプローチを行ないつつも、基本的にはリアリズムによる演出を施して作品を地に足がついたものにしていること、しかも難解な要素や演出を省いて観客に分かりやすい作品になっていること（これは当時の東映の社風でもあったのだろう）。これらをうまく並立させるという奇跡的な演出が成功しているからに他ならない。

そんな離れ業を見事にやってのけたのが監督の小林である。戦前、日本大学卒業後に宝塚歌劇団のレビューの台本が採用されたことがきっかけとなり、宝塚の系列である東宝に入社。召集による従軍を挟んで50年代初頭まで豊田四郎や黒澤明らの助監督を務めた後、かつての同僚に乞われて東横映画に移籍。東横が東映に改組した後、53年に41歳でようやく監督に昇進、アクションもの、ミステリーや犯罪映画などを中心に手堅く仕事をこなしていく。56年からは『少年探偵団』シリーズを手がけていて、恐らくこの当時の仕事ぶりから本作演出の白羽の矢が立ったのだろう。本作の後は『八月十五日の動乱』（1962）など戦争や軍隊がらみの作品が増えるが、これも彼の素質がドキュメンタリー的素材と相性が良かったからかも知れない。60年代後半からはテレビでの仕事がほとんどになり、『悪魔くん』（1966〜67）など東映や円谷プロの特撮ものをはじめ、『プレイガール』（1969〜74）や『柔道一直線』（1969〜71）などを手がけた。キャリアの末期こそ、同時代の映画監督たちの多くがたどったのと同じ道でいささか寂しいが、小林の（十分に発揮されなかった）実力を高く評価する人は少なくない。東宝での修業の成果をうまく東映向けに咀嚼して活用することができたせいだろうか、小林の作風は当時の東映にはあまり見られなかったタッチではあったものの、彼の後輩に当たる深作欣二や降旗康男らの作品に小林の影響があるという指摘は多い。

最後に、本作の主要キャストについて簡単に触れておこう。

三原役の南広はジャズドラマーから俳優に転身し、主に東映で刑事ものや犯罪映画に多数出演。その中の一つ『警視庁物語』シリーズ（1956〜64）には、堀雄二ら本作の出演者の多くが刑事役で出演している。『ウルトラセブン』（1967〜68）など円谷プロの特撮テレビ番組にも数多く出演した。

亮子役の高峰三枝子は戦前から松竹を代表するスター女優として活躍、出演作の主題歌も数多く歌い「歌う映画女優」と呼ばれた。キャリアを重ねても年齢にふさわしい役柄をこなすようになり、息の長い活動を続けた。後年の作品で特に有名なのが、市川崑による金田一耕助シリーズの第1作『犬神家の一族』（1976）だが、同作で演じた犬神松子と本作の亮子には大きな共通点がある（ただし、ネタバレになるのでここでは詳細は明記しない）。

安田を演じた山形勲は、東映時代劇で悪役を多数演じたことで有名だが、現代劇では本作のような会社社長や高級官僚などが定番だった。また、貫禄に満ちた風貌から頼り甲斐のある善人役を演じることも多かった。清張映画には『球形の荒野』にも出演。

他にも、東宝から借り出された名優・志村喬やフリーランスの名脇役・河野秋武らが警察関係者で、『眼の壁』に出演していた織田政雄が冒頭にちょっとだけ登場する警察医の役で、それぞれ出演している。もちろん、『顔』の長谷川刑事と同系列のキャラである鳥飼を演じた加藤嘉も忘れてはならないが、彼については後年のあの名作の項でしっかり触れたいと思う。

清張映画には新参の会社による作品ながら、それまでの作品とは違うアプローチで成功を収めたばかりか、その後の清張映画の方向性の一つを確立した作品だと言える。

カラー　東映スコープ　85分　［公開日］1958年11月11日　［製作］東映東京撮影所　［配給］東映
［監督］小林恒夫　［製作（企画）］根津昇　［脚本］井手雅人　［撮影］藤井静　［美術］田辺達　［音楽］木下忠司
［出演］南広、高峰三枝子、山形勲、加藤嘉、志村喬、河野秋武、堀雄二、神田隆、三島雅夫、小宮光江、月丘千秋、成瀬昌彦、増田順二、織田政雄、明石潮、花沢徳衛、楠トシエ、風見章子、永田靖、潮健児
［DVD］東映

かげろう絵図

1959年　大映

ファンの皆さんにとっては常識だが、清張の作品において推理小説に迫る比重が置かれていたのが時代小説である。映画界でも空前の清張ブームが起こっていた頃、いち早く「推理もの以外の清張映画」に挑戦したのが、東映と並ぶ時代劇のメッカ、大映京都撮影所だった。当時の大映を代表する美人女優・山本富士子と人気時代劇俳優・市川雷蔵の共演作として白羽の矢が立ったのが本作である。

天保年間、徳川家慶（伊沢一郎）が将軍職に就いていたが、政治の実権は依然として大御所の家斉（柳永二郎）が握っていた。だが、さらにその裏では、家斉の愛妾・お美代の方（木暮実千代）の養父・中野石翁（滝沢修）が暗躍していた。そんな幕政を改革しようと、旗本・島田又左衛門（黒川弥太郎）は熱心に活動していた。さらに、両親を亡くし島田が請け親となった登美（山本富士子）は、彼に恩返ししようと自ら志願して女中として大奥に潜入し、腐敗の証拠を摑もうとしていた。彼女と瓜二つの姉・豊春（山本・二役）は又左衛門の甥・新之助（市川雷蔵）と暮らしていたが、彼らの隣に住む町医者・良庵（志村喬）は、ある夜秘かに往診を依頼され、お美代の方付きの中年寄・菊川（阿井美千子）が妊娠していると診断する。菊川が不義の子ながらどうしても産みたいと主張したため、石翁は大奥の乱れが世に知られることを恐れ、菊川を隅田川に身投げしたように偽装して殺害する。良庵も命を狙われたことから、新之助は事件の背後に巨大な陰謀の存在を感じ取り、密かに動き出すが……。

時代劇の新たな素材を探していた大映が、折からの清張ブームに目を付けて……というのが、映画化のきっかけだった可能性がある。原作が東京新聞に連載中、つまりまだ完結していない段階での（いささか性急さも感じる）映画化だったことからも、それが窺える。そのため、物語が決着しないまま「続編へ続く」的な終わり方になっている。当然、続編も製作される予定だったようだが、なぜか製作されずに終わってしまった。実は過去の日本映画において、東映の『ギャング忠臣蔵』（１９６３）や岡本喜八による東宝の『大菩薩峠』（１９６６）など、「つづく」的終わり方をしながら続編が作られなかった作品はいくつか存在する。〝前編〟が興行的に失敗したため続行が頓挫したとか、敢えて製作しなかったとかいろいろな理由があるようだが、本作については不明である。ただ、原作はかなりの長編であり、前後編でも収まらないと判断されたため会社上層部が続行に難色を示したという可能性もある。

とは言え、本作が大作扱いであった可能性は極めて高い。本作の上映時間はほぼ2時間だが、90分前後のプログラム・ピクチャーが主流だった当時としては〝規格外〟に近い。しかも、最初に述べたように主演は大映を代表する美男美女スターのコンビ。彼らの美しさや絢爛たるセットの見事さを際立たせるために、当然カラー作品（清張映画としては2本目）。滝沢修を筆頭に重厚感溢れる豪華な共演者たち。
そして監督は巨匠・衣笠貞之助。「日本初のアヴァンギャルド映画」と言われる『狂った一頁』（１９２６）、カンヌ国際映画祭のパルム・ドールをはじめ海外の映画賞を数多く受賞した『地獄門』（１９５３）など、日本の映画史に残る名作を数多く手がけた。『白鷺』（１９５８）などで山本を何度も主演で起用し、彼女をスターに育て上げた。本作にはうってつけの監督だったと言えるだろう。実際、本作での山本は、しとやかな登美と気風のいい豊春を見事に演じ分け、しかもそれぞれが石翁の陰謀に挑む密偵的役割を果たして活躍する。立ち回りこそ雷蔵の担当だが、実質的には雷蔵とのW主演と言える。

ところが、本作全体で見ると、実は一番目立っているのは石翁である。彼のモノローグが頻繁に入り、彼が主人公かと思えるほどである。この構成は、当時の「スター主演の時代劇」としてはかなり異色だが、主人公が犯罪に走ってしまう物語の類似形と考えれば「清張作品らしい」と言える。菊川の殺害方法などもちょっと手の込んだトリッキーなもので、山本と雷蔵の素人探偵コンビを主人公にした「推理時代劇」といったところだろう。

山本は「ミス日本」を経て大映に入社、『夜の河』（１９５６）、『日本橋』（１９５６）、『黒い十人の女』（１９６１）などの名作に出演、小津安二郎の『彼岸花』（１９５８）など他社作品への出演も多い。雷蔵は歌舞伎役者から映画俳優に転身、時代劇で二枚目を演じる一方で『炎上』などで演技派俳優としての実力も発揮、60年代には勝新太郎と共に「カツライス」の愛称で親しまれ、大映時代劇の看板スターとして活躍したが、1969年に癌のため37歳の若さで亡くなった。

しかし、本作の一番の特徴は、先に触れたように重鎮揃いの脇役たちだろう。滝沢をはじめ柳永二郎や河津清三郎らは、ベテランの名優だがギャングのボス系の役が多い。河津と共に東宝から貸し出された志村喬は、何といっても『七人の侍』など黒澤明映画の常連。大映のスターである雷蔵と酒を酌み交わすシーンは非常に貴重であり、絵になる。

様々な事情で完結しないまま終わったことも含めて、ちょっと不思議な作りの映画ではあるが、「異色の清張映画」として楽しめる作品である。

カラー　大映スコープ　118分　〔公開日〕1959年9月27日　〔製作〕大映京都撮影所　〔配給〕大映
〔監督〕衣笠貞之助　〔製作〕三浦信夫　〔脚本〕衣笠貞之助、犬塚稔　〔撮影〕渡辺公夫　〔美術〕西岡善信
〔音楽〕斎藤一郎
〔出演〕山本富士子、市川雷蔵、黒川弥太郎、志村喬、滝沢修、木暮実千代、河津清三郎、柳永二郎、坂東簑助、三田登喜子、阿井美千子、伊沢一郎、香川良介、松本克平、山路義人、須賀不二男、清水元、伊達三郎、南部彰三、賀原夏子
〔DVD〕KADOKAWA／角川書店

危険な女

1959年　日活

主に昭和30年代の日本映画黄金期には、上映時間1時間弱の中編劇映画も多数製作された。これは、短編小説をほぼオリジナルの形に近い状態で映画化するのにも適していた。それまで、大幅な脚色を行なって無理やり長編映画にしたものもいくつかあった清張映画の中で、唯一このフォーマットで製作されたのが、短編『地方紙を買う女』を映画化した本作である。『影なき声』以来1年ぶりの、そして最後の、日活による清張映画となった。

作家の杉本（芦田伸介）は、彼が連載している小説『野盗伝奇』が面白いからという理由で、東京に住む女性が地方紙『甲信日報』を購読していると聞き、喜んだ。杉本は婦人記者の篤子（高友子）に、その女性＝潮田芳子（渡辺美佐子）のことを調べさせた。芳子は病気の夫・正雄（下元勉）を養いながらバーで働いていた。だが、芳子は急に新聞の購読を止めていた。それは、臨雲峡で発生した心中事件についての記事が掲載された日からであった。その一方で、芳子は急に杉本に親愛の情を見せ始めた。不審なものを感じ彼女の過去を調べた杉本は、芳子には夫の他に庄田（大滝秀治）という男がいたことを知る。庄田は女を次々と食いものにする男であり、芳子とも彼女の後暗い過去を知って脅迫し強引に関係を結んだのだった。しかも、臨雲峡の心中事件で死んだ男こそ庄田だった。心中などしそうにない庄田の最期に、杉本の疑念はますます深まる……。

無理に話を膨らませることなくコンパクトに収めたためか、日活の社風のせいもあるのか、物語はテンポ良く進む。当時の〝現代っ子〟的キャラである篤子の陽性でアクティブなキャラが物語を転がしているのも、本作のテンポを生み出した一因だろう。ただそのために、ヒロインである芳子の肝心な心理描写がかなりあっさりとしているという印象を受ける。また庄田の「絵に描いたような悪党ぶり」も、いささか図式的に見えてしまう。これは恐らく、その辺りを深めに描き込む松竹の清張映画を観慣れているせいかも知れない。やはり、松竹と日活の社風の違いが表れたのだろう。松竹の清張映画に比べると物足りなさを感じる人もいるだろうが、オリジナルの形状に近い映画化という点では、これも〝有り〟だろう。

監督の若杉光夫は、大映京都撮影所で黒澤明の『羅生門』（1950）などに助監督としてつくがレッドパージで退社、その後劇団民藝の演出部に所属。民藝が日活と業務提携を結んでいたためか、本作の頃は日活で犯罪映画を連続して手がけていた。その流れでの本作への起用であろう。その後、吉永小百合の『ガラスの中の少女』（1960）や、山口百恵と三浦友和のコンビによる『風立ちぬ』（1976）などのアイドル系の作品も手がけた。なお、松竹版より少し早く60年頃に日活で企画された『ゼロの焦点』の監督に内定していたが、この企画は中止となってしまった。

若杉が監督を務めたためか、本作のキャストは芦田をはじめ下元、大滝、佐々木すみ江、鈴木瑞穂、嵯峨善兵など大半が民藝所属の俳優で固められていて、当時の他の日活映画よりもさらに「民藝色」が強い。その中の一人、芳子が勤めるバーのマダムに扮した南風洋子は若杉の妻である。ただ、ヒロインの芳子役の渡辺美佐子も舞台出身なので、俳優の質の全体的なバランスはうまくとれていると言えるだろう。

その渡辺は、本作の当時は日活と専属契約を結んでいて、『陽のあたる坂道』（1958）などの文芸作品から『ギターを持った渡り鳥』（1959）のような王道のアクションもの、そして本作のようないわゆる犯罪ものまで、舞台仕込みの演技力を発揮して幅広いジャンルで活躍、後に再び舞台の世界にも復帰した。テレビドラマへの出演も多く、80歳を過ぎた現在も現役で活躍中である。

ところで、これは余談だが、日活の清張映画2本はどちらもソフト化されておらず、鑑賞するには衛星放送などでの放映か名画座での上映を待つしかない。中編作品は収録時間の問題で単体だとソフトとして発売しにくいようだ。他の中編数本と一緒にまとめてとか、『影なき声』と一緒に収録して「日活清張映画2本立て」といった感じで発売されることを願っている。

最初にも触れたように、日活は本作の後、清張映画を製作していない。先ほど触れた『ゼロの焦点』の映画化企画の件など、継続する気はあったようだが、自社の社風に清張作品は合わないと判断したのだろうか。しかし、短編である原作を何の付け足しもせず適切な長さの中編映画として映画化したのは本作だけである。その点では貴重な作品であり、そのような日活の姿勢ももっと評価されていいだろう。

白黒　日活スコープ　55分　［公開日］1959年12月16日　［製作・配給］日活
［監督］若杉光夫　［製作（企画）］大塚和　［脚本］原源一　［撮影］井上莞　［美術］岡田力　［音楽］林光
［出演］渡辺美佐子、芦田伸介、下元勉、高友子、大滝秀治、佐々木すみ江、角田真喜子、大町文夫、鈴木瑞穂、中野秀郎、南風洋子、嵯峨善兵
［DVD］未発売

コラム 清張映画の監督たち

清張映画を手がけた監督は27人。「1回きり」の監督が意外に多いが、複数作担当した（もしくは何らかの形で参加した）監督の作品は大半が評価が高い、ということが特徴と言えるだろう。恐らく相性の問題であり、「清張映画は監督を選ぶ」という見方もできるかも知れない。「1回きり」の監督については それぞれの作品の項でご紹介しているが、ここでは複数作を手がけた（もしくは関係した）監督について、少し詳しく触れてみたいと思う。

野村芳太郎

合計8作品と清張映画の約4分の1を監督、しかも『砂の器』や『鬼畜』など清張映画の中で最も知名度と評価が高い作品群を手がけた、まさに清張映画の代名詞的存在である。他の監督の清張映画にも脚本や製作で参加した作品がいくつかあり、その影響力は絶大だ。

1919年、京都府生まれ。戦前に松竹大船撮影所に入社、戦後に助監督として参加した『白痴』（1951）で、黒澤明からその才能を高く評価された。1952年に監督デビュー、それ以後から清張作品を手がけ始めた頃のことについては『張込み』の項で簡単に触れたが、とにかく清張作品を手

がけたことは映画監督としての野村の運命を大きく好転させたのは事実で、以後も清張作品に深く関わり続けたのも納得がいく。推理小説好きであることから、清張作品以外にも山本周五郎の『五瓣の椿』（1964）、大岡昇平の『事件』（1978）、エラリー・クイーンの『配達されない三通の手紙』（1979）、遠藤周作の『真夜中の招待状』（1981）など他の作家のミステリーの映画化も数多く手がけた。中でも、『砂の器』とほぼ同じスタッフを揃えた『八つ墓村』（1977）は、当時市川崑＝石坂浩二のコンビの一連の映画化により大ブームになっていた「金田一耕助もの」ながら、寅さんのイメージが強かった渥美清に金田一を演じさせ、しかも金田一がほとんど活躍しないという意表を突いた仕掛けを満載した作品となった。

　彼の父・芳亭は日本映画の創成期から活躍した名監督で、松竹蒲田撮影所の所長を務めたこともある。彼はメロドラマや喜劇を得意としたが、その作風は、俳優にオーバー気味の演技をさせ、それで観客の感情を刺激する、といったもの。だが、撮影所長時代の城戸はそのスタイルを嫌い、他の監督に庶民目線の自然体の演出を行なわせた。これが「蒲田調」と言われる演出スタイルで、松竹の撮影所が蒲田から大船に移転したことで「大船調」と呼ばれるようになったのである。つまり、芳太郎は「大船調」の〝反対勢力〟の息子というわけである。社命で多彩なジャンルの作品を手がけながら、正統派の「大船調」とは微妙に違う作品を作り続けた彼の作風には、恐らく父・芳亭と城戸とのこのような因縁も少なからず影響していると思われる。そしてそれが、「人間ドラマとしても見応えがある松竹の清張映画」の監督として彼が最適だった理由にもなったのであろう。

野村と清張の相性の良さは、二人が協力して清張作品の映画化（特に、清張自身が強く映画化を希望した『黒地の絵』）を目的とした「霧プロダクション」を設立したことからもよく分かる。80年代に製作された清張映画5本はすべて同プロの作品であり、そのうち3本の監督を野村が手がけた（詳しくは後述）。

清張映画や先ほど触れたミステリー系作品と並行して、『拝啓天皇陛下様』（1963）、『暖流』（1966）、『おはなはん』（1966）、『しなの川』（1973）、『ダメおやじ』（1973）、『昭和枯れすすき』（1975）、『震える舌』（1980）、そしてコント55号の主演作品などを手がけ、振り幅が大き過ぎて振り切れてしまったようなフィルモグラフィを遺した。2005年に満85歳で死去。

山田洋次

『男はつらいよ』シリーズの生みの親であり、大船調の伝統を今日に伝える巨匠。

1931年大阪府生まれ。昭和30年代初め頃に松竹に入社、野村芳太郎に助監督として師事。野村は早くから彼の才能に目をつけていて、助監督だけでなく自作の脚本執筆に参加させることもあった。その中の一本が『ゼロの焦点』だったのである。61年に監督デビュー、『馬鹿まるだし』（1964）などハナ肇主演のちょっとブラックな味わいのコメディなど様々なジャンルの作品を監督するが、中でも倍賞千恵子とのコンビは、監督2作目の『下町の太陽』（1963）から始まり『男はつらいよ』シリーズを経て近年まで続いている。『霧の旗』もその中の1本である。他にも『学校』シリーズ（1993〜2000）、『たそがれ清兵衛』（2002）に始まる藤沢周平原作の時代劇三部作、小津安二郎へのオマージュ『東京家族』（2013）とそのセルフパロディ的コメディ『家族はつらいよ』シリーズ（2016〜）などを監督、現在も創作意欲は衰えを見せない。キャリアの初期にはサスペンス系の作品も監督したが、自分にはその才能が無いと判断して以後はほとんど手がけていない。

そのような事情も理由の一つなのか、清張映画の監督は『霧の旗』1本だけ。だが、『張込み』や『ゼロの焦点』（ノン・クレジット）に助監督としてついたり、『砂の器』などに脚本家として参加したり……と、野村のサポートという形で清張映画にたびたび参加してきた。そういう意味では、立派な清張映画のキーパーソンの一人と言えるだろう。鉄道好き、そして野村と同様推理小説好きだったことは、そのことに無関係ではなさそうだ。

堀川弘通

東宝による清張映画のうち、平凡でどちらかというと気の弱い男が犯罪に手を染める（もしくは巻き込まれる）物語という共通点を持つ『黒い画集　あるサラリーマンの証言』と『告訴せず』を監督したのが堀川である。

1916年京都府生まれ。戦前、東宝撮影所に演出助手として入社、山本嘉次郎の『馬』（1941）についた際にチーフ助監督だった黒澤明と仲良くなる。肺病や軍隊への応召などでたびたび休職と復帰を繰り返したが、その間に黒澤が先に監督デビューを果たし、彼の『一番美しく』（1944）、『生きる』（1952）、そして『七人の侍』などに助監督などで参加。井上靖の自伝的小説を原作に黒澤が脚本を

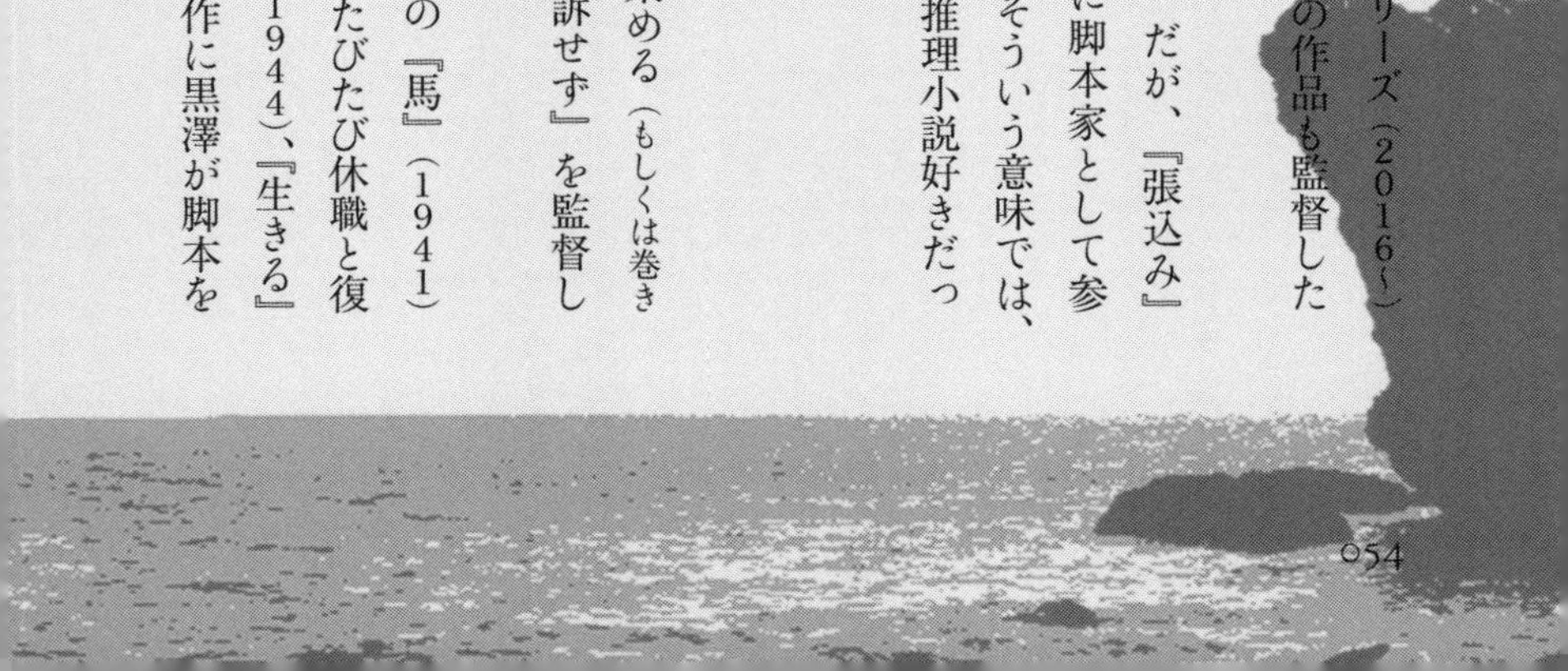

執筆した『あすなろ物語』（1955）で監督デビュー、以後『日蝕の夏』（1956）、『女殺《おんなごろ》し油地獄《あぶらじごく》』（1957）、『悪の紋章』（1964）、『おれについてこい！』（1965）、『さらばモスクワ愚連隊』（1968）、『狙撃』（1968）、『王将』（1973）、そして日伊仏蘭それぞれの国で撮影された4話から成るオムニバス映画『世界詐欺物語』（1964）の日本パートなど、幅広いジャンルの作品を手がけた。橋本忍のオリジナル脚本を映画化した『白と黒』（1963）には、清張が「推理小説家」役で出演している。『アラスカ物語』（1977）撮影中に東宝から専属契約を打ち切られ、以後は主に独立プロで『翼は心につけて』（1978）や『ムッちゃんの詩《うた》』（1985）などを発表した。2012年に95歳で病没。

三村晴彦

80年代に清張映画に参加、野村とは違ったタッチで清張映画の新たな展開を予感させた人材だったが……。

1937年、東京都生まれ。60年代初めに松竹大船撮影所に入社、主に加藤泰について『みな殺しの霊歌』（1968）、『人生劇場　青春篇　愛欲篇　残俠篇』（1972）、『宮本武蔵』（1973）、『江戸川乱歩の陰獣』（1977）などに助監督や脚本担当として参加。20年以上助監督などを務めた後にようやく監督デビューしたのが『天城越え』だった。清張映画ではないものの野村の作品にも数本だが助監督や脚本家として参加したことが、清張映画への登板のきっかけになったのかも知れない。続けて翌年にも『彩り河』を監督しているが、両作に加藤が脚本家として参加していることからも、いかに彼が加藤に可愛がられていたかが分かる。

野村と三村のローテーションにより、松竹は『疑惑』以降ほぼ半年おきに清張映画を公開することができるようになった。（当時の）『男はつらいよ』シリーズに匹敵するヘビー気味のローテーションである。三村は間違いなく「次の清張映画の担い手」という期待を一身に受けていたようである。ところが、『彩り河』を最後に霧プロは解散し、松竹は清張映画を製作しなくなった（この件についても、第四章にて詳しく触れる）。三村自身もその後は、橋本忍が藁人形による呪いを真剣に描いた『愛の陽炎』（１９８６）と、阿久悠の自伝的小説を映画化した篠田正浩監督作の続編『瀬戸内少年野球団　青春篇　最後の楽園』（１９８７）の２本の劇場用映画を撮っただけで、テレビに活躍の場を移した。加藤の愛弟子という理由からか、渡辺謙の『仕掛人　藤枝梅安』（１９９１〜９３）や藤田まことの『剣客商売』（１９９８〜２００４）など時代劇の仕事が多かったが、時折手がけた2時間サスペンスの中には、『内海の輪』（２００１）や『事故』（２００２）といった清張作品もしっかり含まれていた。だが、結局20年以上劇場用映画の現場から離れたまま、２００８年に71歳で死去してしまった。

もしも『彩り河』以降も清張映画の製作が続き、三村が野村に代わってその中心になっていたら、清張映画も三村の作品も、思いも寄らない変化を遂げていたかも知れない。

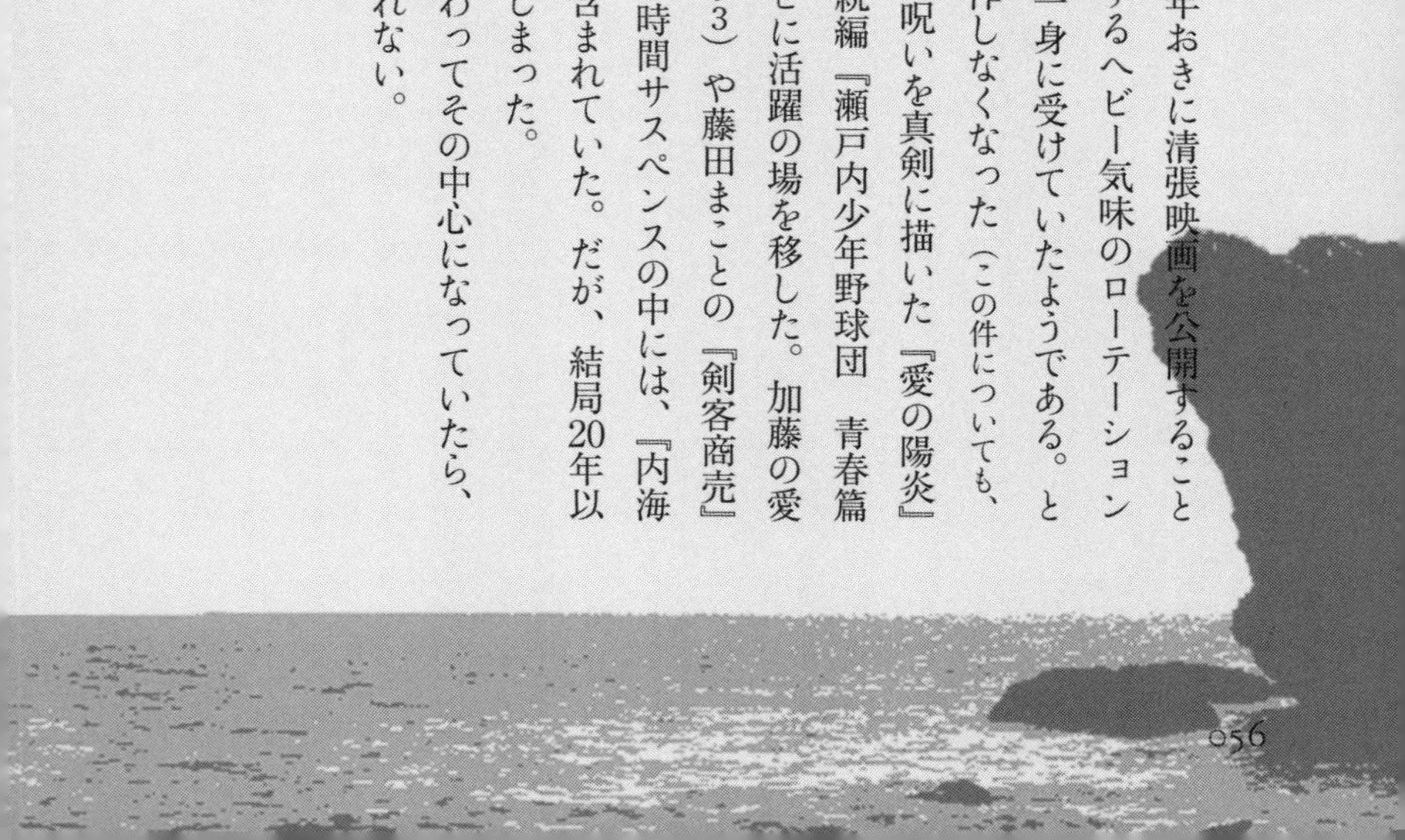

第二章 1960年代

黒い画集 あるサラリーマンの証言

1960年　東宝

清張映画の新たな展開

50年代末、一気に爆発した清張映画ブーム。だが、そこには「彗星のごとく現れた流行推理作家の作品」という一種のキワモノ的扱いが、作り手の方にもあったように思われる。1960年代に入る頃にはこのブームは安定したが、これは各映画会社がようやく清張と彼の作品の本質と真価に気が付いたことの表れだったという可能性が考えられる。

当時の日本の大手映画会社は6社。そのうち東宝と新東宝の2社だけが、ブームの時に清張映画を製作しなかった。最初に、そして最も熱心に清張映画に取り組んだ松竹を除くと、実はこの2社こそが清張作品の本質に真っ先に気付いていたのではないだろうか。

ワンマン社長として有名だった大蔵貢《みつぎ》の方針で、扇情的な内容のものや怪談映画などエロ・グロ作品を量産していた新東宝。当然、犯罪映画も数多く製作したが、恐らく（当時発表された）清張作品は

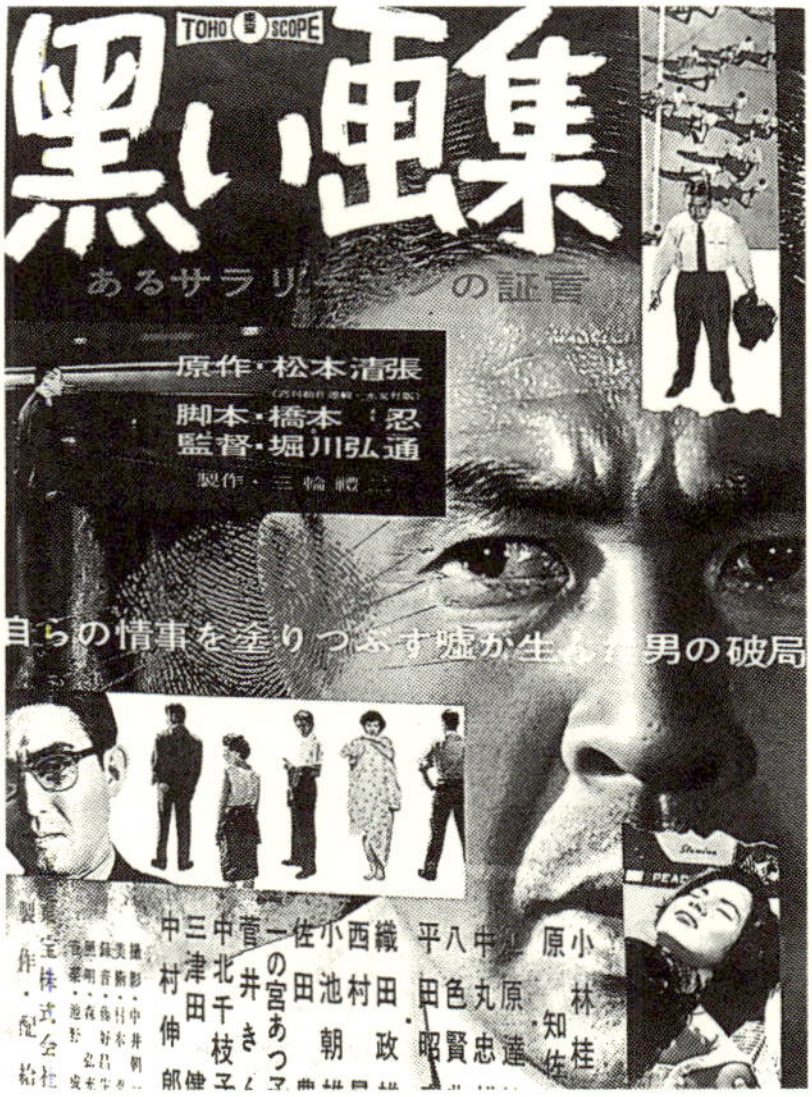

『黒い画集　あるサラリーマンの証言』のポスター

新東宝で映画化するには「刺激が足りない」と判断されたのかも知れない。その上、会社自体が次第に危機的状況に陥り始めた時期であり、地方ロケの必要が多い清張作品の映画化を敬遠していた可能性もある。結局、新東宝は、清張映画を1本も製作することなく61年に倒産する。

　そして、都会的で洗練された作品の多さでは当時の邦画界でもトップクラスであり、「明るく楽しい」がキャッチフレーズだった東宝。同社でも、『三十六人の乗客』（1957）（『顔』と同じ脚本家コンビが担当し、同作の約3カ月後に公開された）など犯罪系アクション映画を多数製作していたが、やはり自社の雰囲気に合う清張作品がまだなかった（もしくは他社に映画化の権利を先に押さえられた？）ようだ。だがここに来て、ようやく「東宝向き」の作品が登場したことにより、同社も清張映画に参戦することになった。短編集『黒い画集』の一編を映画化したこの作品は、機を待った甲斐があり見事な傑作に仕上がった。

　大手繊維会社の管財課長・石野（小林桂樹）は勤勉な社員で、家庭では妻・邦子（中北千枝子）と二人の子供に囲まれた良き家庭人だった。だが彼には、大森の自宅と丸の内の会社の他に、足繁く通うもう一つの場所があった。愛人として囲っている会社の部下の千恵子（原知佐子）が住む西大久保のアパートだった。その日の夜も、石野は会社の帰りに千恵子のアパートに立ち寄った。帰宅しようとアパートを出た直後、彼は自宅の近所に住む保険外交員の杉山（織田政雄）と鉢合わせしてしまい、思わず会釈を返してしまう。家族には渋谷で映画を観て来たと言った石野は、杉山が西大久保で自分と会ったことを周囲や近所の人間に言うのではないかという不安に襲われる。だが2週間後、さらに厄介な事態が発生した。向島で起こった殺人事件の容疑者として逮捕された杉山が、事件が起こった時刻に西大久保で石野と会ったと主張している、というのだ。石野がそのことを証言すれば杉山のアリバイは証明されるが、それは千恵子との関係を露見させてしまうことにもなる。そうなると、会社での彼の立場はなくなり、家庭も崩壊してしまう。石野は保身のため、仕方なく「杉山とは会っていない」という主張を貫くが、そのために杉山の死刑は決定的となり、石野は苦悩する。やがて石野は用心のために千恵子を品川のアパートへ引っ越しさせるが、それがきっかけになって事態はさらに悪化することに……。

すべてが〝最適〟だった映画化

元々東宝は阪急グループの一角という存在であり、予算や人員の管理を徹底させるプロデューサー・システムの導入など、合理的な経営を古くから行なっていた。このように、〝企業〟としての基盤が強固だった東宝だからこそ生まれたジャンルが、いわゆる「サラリーマンもの」である。上司

と部下の板挟みなど高度経済成長を支えた当時のサラリーマンたちの、様々な実態や本音を基にした作品の数々。それらのベースには、〝会社〟としての要素が強い東宝ならではのリアリティが漂っていた。特に人気が高かったのが喜劇で、いわゆる「サラリーマンあるある」をネタにした笑いがサラリーマンたちの共感を呼んだ。中でも、森繁久彌主演の『社長』シリーズ（1956〜70）は、芸達者な出演者たちの好演がサラリーマン以外の層にも大いに受け、33作にのぼる人気シリーズとなった。同シリーズの第1作から最終作まで森繁と共に皆勤出演したのが、本作の主演俳優・小林桂樹である。森繁社長に振り回される実直な社長秘書というのが基本的な役回りで、まさに絵に描いたような真面目社員。シリーズ終盤では会長になった森繁の後を継いで社長になった。他にも『サラリーマン出世太閤記』シリーズ（1957〜60）など、多数のサラリーマンものに出演した。

　サラリーマンものを得意とする東宝が、「日本一のサラリーマン俳優」と呼ぶに値する小林の主演でこの小説を映画化する。しかもご丁寧に、原作のシンプルな『証言』というタイトルに「あるサラリーマンの」と付けることで、サラリーマンものとしての印象を観客に強く与えている。だが、これこそが、東宝と小林による最大の皮肉だと言える。品行方正なサラリーマン役を得意としていた小林が、部下を愛人として囲い（この時点で、石野は家族を裏切っているだけでなく、自分が忠誠を誓っている会社をも汚していることになる）、殺人事件に巻き込まれ、どんどん追いつめられていく役を演じる……。これはまさしく、当時小林が出演していたサラリーマンものと、そこで彼が演じていた〝理想のサラリーマン像〟への一種のアンチテーゼとも言える。後年、東宝では、古く倫理的な企業観に基づいていた『社長』

シリーズなどへの皮肉を込めたような、植木等演じる無頼社員が活躍する『無責任』シリーズ（1962）が製作されたが、比較的自由な社風だった東宝ならではのこの「自社作品に対するアンチテーゼ」は、本作が元祖だったのかも知れない。

これはもちろん、「定番の役柄をひっくり返す」という意味では小林にとっても冒険だったと思われる。もっとも小林本人は「平凡なサラリーマン」になることを嫌って映画俳優になったというから、むしろ喜んで演じたのではないだろうか。ちなみに小林は、本作と同じ堀川弘通監督の『裸の大将』（1958）の山下清や『激動の昭和史　軍閥』（1970）での東条英機など、実在の人物を演じたことが多かった。扮したそれぞれの人物はまったく似ていないのだが、小林が演じるとどれも「実物そっくり」と絶賛されたという。まさに、扮した実在の人物に憑依されたような感じだったのだろう。石野役は、名もない平凡なサラリーマンから有名な実在人物まで自在に演じられる演技力を持つ小林だからこそできた役だったと言える。事実、小林は本作で、キネマ旬報男優賞、ブルーリボン大衆賞、毎日映画コンクール主演男優賞と、主要な映画賞を総なめにしている。ちなみに、私が本作を最初に鑑賞したのは、今は無き銀座の並木座での推理・サスペンス映画特集においてであった。この時の同時上映は、戦時中に発生した警察官による被疑者への暴行致死事件を描いた『首』（1968）で、小林は事件を告発した弁護士の正木ひろしを鬼気迫るテンションの高さで熱演していた（またも実在人物の役！）。小林主演＆橋本忍脚本作品の2本立てという組み合わせになっていたわけである。

本作は、自分たちが手がけることで強烈な皮肉になるというアンチテーゼ的要素も含めて、まさに東宝と小林に最適の企画だったのである。

日常に潜む恐怖の映像化

本作で印象的な点は、日常描写の丁寧さである。冒頭、石野の日常生活が彼のモノローグをバックに延々と描かれる。どこにでもいそうなサラリーマンの日常を淡々と描写し、石野の語り口もまるで会議での報告のように、やはり淡々としている。彼のモノローグは全編にわたって挿入されるので、これこそが石野の〝（長い長い）証言〟と言えそうだ。

さらに驚かされるのが、ここで画面に現れる千恵子がまったく目立っていない点である。仕事の合間に目配せをする石野と千恵子、といった描写を挟んで二人の関係を暗示するのが〝王道〟の演出だろうが、カメラは社内での千恵子にまったく注目しない。まさに「社員A」扱い。だから、物語を知らない観客は、その後の千恵子のアパートのシーンで、ようやく二人が愛人関係にあることを知るのである。この徹底ぶりは驚きだ。石野のモノローグに感情が入ってくるのも、社内において二人の「それらしい」描写が入るのも、物語が進行して石野たちの〝日常〟が狂わされてからである。

この〝日常〟へのこだわりがあるからこそ、（愛人を囲うという部分はともかく）この物語が誰にでも起きる可能性があるリアルな恐怖に満ちたものだということを、観る者に実感させる。清張は生前、自作の映画化作品で好きなもの3本を問われ、『張込み』、『砂の器』、そして本作を「原作を超えた」とまで絶賛したという。本作に関しては、この〝日常〟へのこだわりこそが、清張を大いに感心させた最大の理由であろう。

ここで、ネタバレにはなるが、印象深いラストシーンについても是非触れておきたい。

すべての事件が一挙に解決し釈放された石野が、警視庁から出てきて早朝の街へと歩いていく。その代償として、彼は自身の証言によってすべてを失ってしまった。そのことを語る石野のモノローグは再び物静かな口調になったが、それは冒頭のような〝淡々〟としたものというより、虚脱と諦めに満ちた静けさである。当たり前の日常、それがどんどん狂っていき、ついには崩壊してしまう。この3段階に応じて、カメラを通した視点も石野の語り口も変化していく。これからどうなるのだろうかという石野の不安に対して、（当然ながら）一切の回答が示されないまま映画は終わる。この突き放したような冷徹さも、清張作品のいくつかに見られる特徴の一つだ。ちなみに、この展開は原作とは違っていて、原作の方が後味がより悪いかも知れない。しかし、映画としての〝収まり〟はやはりこちらの方が良いようだ。もっとも、このラストシーンに行き着くまでに、試行錯誤の末に3バージョン撮影されたらしい。堀川によると、最初は精神に変調を来した石野が留置場の中で、観た映画の筋書きを一人で語るというものだったが、試写を観た橋本や黒澤、そしてプロデューサーの藤本真澄らが撮り直しを提案、次に日比谷公園に巨大なクレーンを持ち込み、釈放された石野が雑踏の中を銀座の方へ歩いていくというものを撮影したが、やはり堀川は「違う」と思い、最終的に現行のバージョンになったという。

キャスティングの妙

本作の大きな魅力の一つは、絶妙なキャスティングであろう。もちろんその筆頭は主役の小林だ。先述のように当時定着していた彼のイメージを逆手にとったものだった。本作の後、彼はさらに様々な作品や役柄に挑戦し、実力派俳優としてキャリアを積んでいく。

千恵子役の原知佐子は、後年の『赤い』シリーズ（1974〜80）での山口百恵演じるヒロインをイビる役や、「口うるさくてお節介な近所のおばさん」的役のイメージが現在でこそ強い（清張映画出演2本目の『愛のきずな』でも、本作から10年も経たないうちに、夫をイビる妻役へとポジションを変えている）が、本作では昼は真面目なＯＬ、夜はコケティッシュな魅力をふりまく小悪魔という二面性のあるキャラを溌溂と演じている。

千恵子の引っ越し先のアパートに住み、物語の後半の状況を悪化させる原因となる学生の松崎を演じた江原達怡《たつよし》は、本作の翌年から始まった『若大将』シリーズ（1961〜81）での気の弱い運動部マネージャー・江口役をはじめ、東宝作品にピッタリの都会的な好青年役を数多くこなしていた。そのイメージからすると、松崎役もかなり意外である。その友人役で、まだ若手の脇役俳優だった児玉清（当時の芸名は小玉）が出演している。結構出番もセリフも多いので、すぐに気付かされる。

その他の脇役も、まさに適役のオンパレード。邦子役の中北千枝子や杉山の妻役の菅井きんという「一般庶民の主婦役女優」が前記の〝日常感〟をさらに盛り上げる。石野の上司役の中村伸郎《のぶお》と杉山の弁護士役の三津田健は共に文学座の重鎮。その文学座からもう一人出演しているのが、早川役の小池朝雄。ヤクザ者の役があまりにもしっくり行き過ぎているせいか、彼の登場シーンだけ東映か日活のアクション映画を観ているような感覚に襲われる。そして何と言っても杉山役の織田政雄。『眼の壁』の関野をもっと悲惨にしたような、とんでもない災難に遭ってしまう善良な小市民を熱演している。

60年の『キネマ旬報』ベストテンでは、58年に第8位だった『張込み』を越えて第2位に輝いた本作。まさに、日常生活の中でついついやってしまう程度の嘘や隠し事が、不運が重なって自分を身の破滅へと導きそうになる。清張が原作に込めたメッセージを、より分かりやすく、より強烈に表現することに成功した本作を、清張が絶賛したのも無理はないだろう。

そして本作以降、映画界における清張映画の〝格〟は、さらに上がっていく。

白黒　東宝スコープ　95分　［公開日］1960年3月13日　［製作・配給］東宝
［監督］堀川弘通　［製作］三輪礼二　［脚本］橋本忍　［撮影］中井朝一　［美術］村木忍　［音楽］池野成
［出演］小林桂樹、原知佐子、中北千枝子、平田昭彦、西村晃、中村伸郎、江原達怡、織田政雄、菅井きん、小池朝雄、児玉清、小栗一也、三津田健、佐々木孝丸、中丸忠雄、佐田豊、八色賢典、一の宮あつ子
［DVD］東宝

波の塔

1960年　松竹

50年代の清張映画は、従来の推理・サスペンス映画の〝定型〟に無理に近づけようとする脚色を施した作品が多かった。だが60年代に入る頃には、それぞれの原作の本質を見極めた上で、それに最も近いジャンルの作品に仕上げようとする傾向も生まれてきた。清張映画の多様化とでも言うべき状況だろうか。その典型と言えるのが本作である。

某省局長である田沢（二本柳寛）の娘・輪香子（桑野みゆき）は、旅行先の上諏訪で東京地検の新任検事・小野木喬夫（津川雅彦）と知り合った。旅行から東京に戻った輪香子は、友人の和子（峯京子）と出かけた深大寺で喬夫と再会した。だが彼は結城頼子（有馬稲子）という美しい女性と一緒だった。頼子のことを紹介しようとしない喬夫の態度に、輪香子は不審なものを感じた。頼子の夫・結城（南原宏治）は政治ブローカーで、夫婦の間は冷え切っていた。ある日、頼子と喬夫は下部温泉へ出かけたが、台風のため帰京が遅れてしまう。不在だった結城は後日その事実を知り、頼子の不貞を疑い始める。一方、喬夫は某官庁の汚職事件の担当になったが、それには結城と田沢が関与していた……。

原作は『女性自身』に連載されたもので、恋愛小説の要素がかなり強い。そのため、松竹としては最も「作りやすかった」清張映画かも知れない。完成作品は、中央省庁の汚職事件が物語のカギにはなっているものの その影は薄く、頼子と喬夫の道ならぬ恋をじっくりと描いた、コテコテの大船調メロドラマに仕上がっている（ちなみに、『波の塔』は本作の後に8回もテレビドラマ化されているが、その多くが主婦向けのメロドラマとして製作されている。そのことが、この原作の性質を如実に表していると言える）。

松竹を代表する監督である中村登を起用したのも、「ここぞとばかり」感が強く感じられる。1936年、設立されたばかりの大船撮影所に助監督として入社し、島津保次郎や吉村公三郎らの名監督に師事した、まさに「大船育ち」。『恋愛三羽烏』（1949）、『夏子の冒険』（1953）、『君美しく』（1955）など、メロドラマや錚々たる作家たちの原作による文芸作品を多数手がけ、本作の後も『紀ノ川』（1966）や『智恵子抄』（1967）などの「原作もの」がキャリアの大半を占める。『波の塔』に最適の人選と言えるが、これは取りも直さず清張作品が「文芸作品」として認められた証拠とも言えるだろう。まさに〝格上げ〟である。いずれにしても、この原作がそれまでの清張作品の中で最も「（当時の）松竹向き」だと判断されたであろうことは、疑う余地もない。

本作が、松竹における清張映画としては初のカラー作品であることも、そのことの証明のようだ。恋愛・文芸作品にふさわしく、女性の観客の取り込みも狙った「色彩化」は、もちろん〝格上げ〟の意味もあるだろうし、地方ロケが多い本作では『点と線』の項で述べたような効果も期待できる。何より、主演二人の美男美女ぶりを際立たせるには、当時の日本映画界ではカラーという選択肢しかあ

り得なかっただろう。

とは言え、本作はちょっとユニークな構成になっている。輪香子、頼子と喬夫、そして結城……と、映画の主観を務める登場人物が何度か入れ替わるのである。一見、脚本の構成ミスにも思えるが、故意にこのような、映画としての〝定型〟に収まらないような形にした可能性もある。この作りだと、特定の登場人物にどっぷり感情移入することが難しくなる。これは清張作品の多くに見られる客観性を、形を変えて映画版に取り入れるという演出だという解釈も可能だ。また、ラストのあまりにもシビアな展開へのクッション的効果を狙ったのかも知れない。これが徹頭徹尾頼子と喬夫の主観で進んだとしたら、あの突き放したような結末に強い拒絶反応を示す観客が多数出た可能性はあっただろう。

頼子役の有馬稲子は宝塚歌劇団から映画界へ転身、『顔』の岡田茉莉子と同様に東宝から松竹へ移籍し、共に同社の看板女優になっていた。清張映画には次の松竹作品『ゼロの焦点』にも出演しているが、この2本のキャスティングには有馬が所属していた会社が大きく関わっている（偶然の一致だった可能性もあるが）。

有馬は松竹移籍前の54年に、岸惠子や久我美子らと株式会社「文芸プロダクションにんじんくらぶ」を設立した。同社は、3人をはじめとする所属俳優がそれぞれの専属契約下で他社の映画に出演できるようなマネジメント業務に加えて、後には『人間の條件』六部作（1959〜61）などの映画製作も手がけるようになる。同社の設立は、前述の五社協定への俳優たちの〝対策〟でもあった。クレジット上は、本作の製作に「にんじんくらぶ」は関与していないが、その頃同社に所属していた津川雅彦、南原宏治、佐藤慶らも出演している。次の『ゼロの焦点』でも似たような状況になっているが、こちらは後で詳しく触れることにする。

輪香子役の桑野みゆきは当時の松竹を代表する清純派スターで、特に『暖春』（１９６５）など中村登作品への出演が目立つが、本作の直前には「松竹ヌーヴェルヴァーグ」の始まりとされる大島渚の『青春残酷物語』（１９６０）に主演したり、黒澤明の『赤ひげ』（１９６５）など他社の作品にも数多く出演するなど、松竹の枠に囚われない活躍ぶりを見せた。西村晃と佐々木孝丸は、この頃の清張映画に会社を跨いで出演し続けていた〝レギュラー〟状態である。

東宝にとっての『あるサラリーマンの証言』と同様、松竹にとってうってつけの作品ではあるが、その「ピッタリ具合」が逆に清張映画としては異彩を放つ作品となった。

カラー　松竹グランドスコープ　99分　［公開日］1960年10月30日　［製作］松竹大船撮影所　［配給］松竹
［監督］中村登　［製作］小松秀雄　［脚本］沢村勉　［撮影］平瀬静雄　［美術］芳野尹孝　［音楽］鏑木創
［出演］有馬稲子、津川雅彦、桑野みゆき、南原宏治、石浜朗、岸田今日子、峯京子、二本柳寛、沢村貞子、西村晃、佐藤慶、佐野浅夫、石黒達也、佐々木孝丸、深見泰三
［DVD］松竹

黒い樹海

1960年　大映

ブームに乗る形で清張映画製作に参戦した大映だったが、京都撮影所の時代劇として『かげろう絵図』を映画化するなど、なかなか積極的であった。通算で3本目、推理ものの現代劇としては2本目となる本作は、原作が『婦人倶楽部』に連載された女性向けの長編小説だったことから、女性を主人公にした作品となっている。

洋裁学校に通う祥子（叶順子）は、雑誌社に勤める姉の信子（水木麗子）と二人でアパート暮しをしていた。ある日、信子は一人で東北を旅すると言って出かけたが、2日後、なぜか浜松市の郊外で発生したバスの事故で死んだ。状況がよく呑み込めないまま現地に赴いた祥子は、さらに数々の謎に直面する。信子には連れの男性がいたらしいこと、その男が事故発生直後に姿を消したこと、信子が持っていた筈の社員証がなくなっていること……。バスの中で信子たちを目撃したのは地元の食堂の店員・常子（山川愛子）だったが、彼女は食堂を辞めて故郷へ帰ってしまったという。祥子は姉が勤めていた雑誌社に入社した。見習い期間が終わろうとしていたクリスマスの夜、同僚の町田知枝（穂

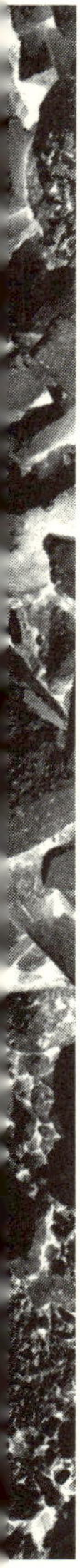

高のり子）が殺された。信子は知枝の殺害現場に行き、知枝の弟だという週刊誌記者の吉井（藤巻潤）と出会う。二人は、浜松のバス事故と知枝の殺害事件は関係があると考え、信子と関わりがあった人々を調べ始める。だが、事故の関係者が次々と殺害されてしまう……。

『眼の壁』や次の『ゼロの焦点』につながる、「事件で命を落とした人間の関係者が真相を探る」という、いわゆる「素人探偵もの」の一つである。冒頭、姉妹の生活から事故を挟んで帰京した祥子が雑誌社で働き始めるまでを、彼女のモノローグによる説明に乗せて一気に描く。当時の作品としては情報量の密度がかなり高く、驚かされる。

原作では、信子は新聞社の文化部記者であり、祥子は貿易会社勤務から新聞社へ転職するという流れになっていた。その点から見ると、洋裁学校から雑誌社というこの映画版での祥子の転職の流れは、若干ご都合主義的な違和感を感じてしまう。とは言え、先に触れた冒頭の流れに象徴されるように映画のテンポは悪くなく、最後まで飽きずに観ることができる。クライマックスのビルの外壁での追いつ追われつも、洋画のサスペンスものでよく見る類の場面ではあるが、それに果敢に挑戦した努力の跡はしっかり見受けられる。

監督の原田治夫は、6年間に17本の劇場用作品を手がけただけで、正直言ってあまり有名な作品が無い。ただ、中編をはじめ上映時間が比較的短い作品が多く、物語を無駄なくまとめ上げる手腕は高く買われていたようである。本作は、青春ものやコメディが多い彼のフィルモグラフィの中では珍しいサスペンスものである。本作も含め叶順子の出演作品を多く監督しており、彼女が引退した63年を最後に映画の仕事から離れてしまったのは、何か関係があるのだろうか？　主に大映テレビの作品を中心にテレビドラマを数本演出した。69年没。

本作の脚本は、共にサスペンスや犯罪ものを数多く手がけた二人の共作。長谷川公之は、警視庁刑事部鑑識課法医学室に勤務していたというユニークな経歴の持ち主で、その経験を活かして刑事ものや犯罪映画の脚本を数多く手がけたが、ヒューマンドラマ『いつか来た道』（1959）やエロティック・コメディ『夜の診察室』（1971）など意外なジャンルの作品も執筆している。石松愛弘《よしひろ》は主に大映で『ある殺し屋』（1967）などのハードボイルド・タッチの作品を手がけ、他社でも『野獣都市』（1970）などのアクション映画やヤクザ映画から、松坂慶子の『恋人岬』（1977）や大林宣彦の『北京的西瓜《ペキンのすいか》』（1989）など幅広いジャンルの作品を手がけた。

『共犯者』と同じく叶と根上が出演しているが、今回は叶が主役。根上はオネエ言葉を操る美術評論家という意外な役どころだが、もちろん笑いを取るためのおまけのようなキャラではない。ヒロインを助ける雑誌記者役の藤巻潤は、後に出演する大映テレビの『ザ・ガードマン』（1965〜71）に通じる正義漢キャラ。大映では硬軟善悪様々なタイプのキャラを演じた北原義郎をはじめ、個性的な脇役たちのキャスティングも絶妙だ。

女性を主人公にしたことで、大映における清張映画に変化をもたらしたと言える作品である。この路線を継続させた大映は、次の清張映画であのスター女優を満を持して登場させることになるのである。

白黒　大映スコープ　86分　［公開日］1960年12月14日　［製作］大映東京撮影所　［配給］大映
［監督］原田治夫　［企画］藤井浩明　［脚本］長谷川公之、石松愛弘　［撮影］小林節雄　［美術］山口熙
［音楽］大森盛太郎
［出演］叶順子、藤巻潤、根上淳、北原義郎、片山明彦、水木麗子、浜村純、倉田マユミ、伊東光一、村田知栄子、花井弘子、矢島ひろ子、穂高のり子、村田扶実子、竹里光子、花布辰男、遠藤哲平、紺野ユカ、星ひかる、市田ひろみ
［DVD］未発売

ゼロの焦点

1961年　松竹

「松竹清張映画黄金ライン」の誕生

自身の初期の代表作ともなった『張込み』で清張映画の〝格上げ〟の基礎を作った野村芳太郎だったが、同作の九州ロケで会社の命令を無視して撮影を粘ったのが災いしたのか（もちろん、それは同作の質を向上させた点では大いなる功績だったのだが）、野村はその後再び社命でB級作品ばかり撮る状態が続いた。彼が再び清張映画に戻って来るまで実に3年の歳月が流れたが、そうして製作された本作は、後に数々の傑作を生みだすことになるスタッフが初めて清張映画で顔を揃えた記念碑的作品となった。

新婚間もない禎子（久我美子）の夫・鵜原憲一（南原宏治）は広告会社の金沢出張所長で、結婚を機に東京本社に転勤になり、後任の本多（穂積隆信）と共に事務引継ぎのため金沢へ旅立った。だが憲一は予定の日を過ぎても帰京せず、会社は状況の調査のため憲一の同僚を金沢へ派遣、禎子も同行することにした。ところが、憲一の金沢での生活は謎に満ちていて、公私共に親しかった取引先の会

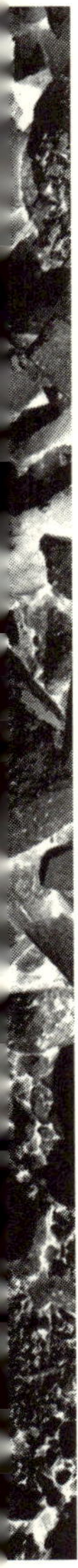

社社長の室田（加藤嘉）も夫人の佐知子（高千穂ひづる）も、憲一がなぜ失踪したのか分からないという。手がかりが掴めないまま一旦帰京した禎子は、憲一が以前、短期間だが立川警察署に巡査として勤め、風紀係としてパンパン（終戦後、占領軍のアメリカ兵相手に売春行為をしていた女性）の取締りに当っていたことを知った。そんな時、禎子と入れ替わるように金沢を訪れていた憲一の兄・宗太郎（西村晃）が、パンパン風の女性と会っていた際に青酸カリによる中毒死を遂げた。禎子はその知らせを聞き、室田の会社を訪ねた時に受付にいた女性がパンパン独特の癖のある英語を使っていたことを思い出した。立て続けに現れたパンパンの影に、禎子はこの事件が憲一の失踪に関係があると考えた。再び金沢に向かった禎子は室田の会社を訪れたが、例の受付嬢＝田沼久子（有馬稲子）は数日前から欠勤していること、彼女の内縁の夫・曽根が憲一の失踪した日に死亡したことを知る。曽根が生前住んでいたという能登の高浜町を訪れた禎子は、驚愕の事実を知る……。

前述のように、本作は久々に野村が手がけた清張映画になったわけだが、前回と同じ橋本忍に加えて、山田洋次が共同で脚本を手がけた。撮影の川又昂《たかし》と音楽の芥川也寸志は、共に当時野村との共同作業が続き「野村組」を築きつつあった。この顔ぶれは、これ以降の松竹における清張映画の主軸となった野村作品のほとんどに、（変動が激しかった脚本家以外は）ほぼ不動の陣容で参加していくことになる。特に『砂の器』の主要スタッフは本作とほぼ同じである。そう考えると本作は、以後に続く松竹清張映画の基礎を完成させた作品と言うことができるだろう。

なお、本作は、野村が手がけた清張映画としては最後の白黒作品となった。『張込み』同様のドキュメンタリー的雰囲気を狙った野村の意思もあっただろうし、川又が捉えた北陸の荒涼とした風景を映し出すには白黒が適切だと判断されたのだろう。だが、後述のリメイク版の項でも触れるが、モノトーンのイメージが強い冬の北陸の風景を敢えてカラーで撮影するという選択肢も、現在の目で見れば〝あり〟だった気はする。ただし、先述のようにまだ開発途上だった当時のカラー映画の映像では、そのような風景はきちんと再現できなかったかも知れない。いずれにしても、野村の選択は正しかったようだ。

原作への〝大手術〟と「2時間サスペンス」への影響

本項は作品の核心に触れていることを、あらかじめご了承いただきたい。

本作は、『張込み』の時と比べると原作をかなり改変しているような印象を受ける。もちろん、両作とも原作の本質的な部分は変えていない。『張込み』は原作の枠の中で膨らませることができる部分を膨らませて、短編だった原作から全体的に大きく厚みのある映画へと変化させた。本作の場合は、ミステリーとその謎解きに観客を集中させるためか、それにあまり影響がないと思われる部分を大胆に切り捨てていったようだ。山田によると、さすがの橋本も本作の脚本執筆には大いに悩んだということで、ここまで思い切らないと形にならなかったのであろう。そのせいか、本作は同時期の他監督の清張映画並みに、上映時間が90分台とコンパクトに収まっている。

原作との違いで特に目立つのが、禎子と憲一の馴れ初めの部分をかなりあっさりと描いている冒頭の部分であろう。二人の見合いや新婚旅行の部分をすべてカット、結婚披露宴の模様も回想で少しだけ登場する程度で、映画は金沢へ向かう憲一らを禎子が見送る上野駅のシーンから始まる（この頃までの松竹の清張映画のほとんどと同様、本作も列車のシーンから始まっている。ここまでくると騙担《げんかつ》ぎにしか思えない）。この物語の当時あたりまでは見合い結婚の比率がかなり大きく、この物語のように相手の素性や過去をよく知らないまま結婚する、ということも少なくなかった。ここではそれが物語を動かす大きな要素になっているのだが、そこをカットしてしまうと、今日の視点で観るとピンと来ない部分があることも確かだ。だが当時はそれが「大いにあり得ること」であると観客も考える、と判断された結果、省略されたのだろうか？

そしてもう一つがクライマックス、能登金剛の「ヤセの断崖」の上での推理と自白である。これは、能登をロケハンに訪れた野村が、現地の風景や厳しい気候から思いついた展開のようだ（ちなみに原作では、それぞれ真相を理解した禎子と室田が断崖の上で再会するというもので、そこでは推理も自白も行なわれない）。この場面が観客に与えたインパクトは絶大だったようで、ここでも野村の〝読み〟が的中したことになる。このシークエンスの影響がいかに絶大だったかは、公開から50年以上経った今日の視点から見た方がはるかに分かりやすい。80年代以降無数に製作されたテレビのいわゆる「2時間サスペンス」のドラマに、このシチュエーションが何度も登場しているからだ（本作には、最後の最後に多数のパトカーが断崖に押し寄せる、という展開こそないが……）。今日ではもはや「サスペンスドラマの代名詞」と言える状態になってしまったわけだが、これが本作のリメイク作品の構成にも大きな影響を及ぼした可能性がある（該当作の項参照)。

このように、主に構成面で大きな改変はあったものの、原作の〝芯〟である「終戦後の混乱期を生き抜いた女性たちのドラマ」はきちんと描かれている。『顔』などと同系列の「現在の自分を守るために過去を知る者を殺害する」パターンだが、本作ではその原因となっていることの大きさと重さが観客の胸に迫る。この点でも、本作は後の『砂の器』を連想させる。

女優をセールスポイントにした初の清張映画

本作の公開に際して、松竹は「三大スター女優の共演」を宣伝のポイントにした。このことも、清張映画、ひいては推理映画の立ち位置が大きく変わってきたことの表れだった。それまでのこのジャンルで、出演女優が前面に出されることはほとんど無かったからだ。もちろん清張映画においても、「山本富士子&市川雷蔵の時代劇」として売り出された『かげろう絵図』を除けば、同様だったと言える。

ヒロインの禎子を演じた久我美子は、美貌、名門華族出身ゆえの気品、そして確かな演技力を兼ね備え、岡田英次とのガラス越しのキスシーンが有名な今井正の『また逢う日まで』(１９５０)をはじめ、市川崑『億万長者』(１９５４)、小津安二郎『彼岸花』、木下惠介『女の園』(１９５４)、黒澤明『酔いどれ天使』(１９４８)、五所平之助『挽歌』(１９５７)、成瀬巳喜男『あにいもうと』(１９５３)、溝口健二『雪夫人絵図』(１９５０)と錚々たる巨匠たちの作品に出演した。彼女の大ファンだったという稲垣浩の『柳生武芸帳』二部作(１９５７~５８)などにも出演したが、稲垣の『大坂城物語』(１９６１)

での共演がきっかけとなり、俳優の平田昭彦と結婚した。

その久我と有馬らが設立したのが前述の「にんじんくらぶ」だが、本作ではその久我と有馬が共演（とは言え、今回の有馬はいささか損な役回りにも思えるが……）、加えて再び南原も出演している。今回も作品のクレジットに「にんじんくらぶ」の名前はないが、「企画」としてクレジットされている若槻繁は同社の社長だった人物なので、何らかの形で同社が本作に関わっていたのは間違いないだろう。

本作のもう一人のヒロイン、高千穂ひづるも『張込み』以来の清張映画出演。宝塚歌劇の娘役から映画界入り。最初は松竹に所属したが、移籍先の東映で時代劇のお姫様役を数多くこなし、「宝塚時代以上の人気」だったという。だが、独立プロ製作の『異母兄弟』（1957）への出演に際して五社協定に抵触しそうになる事態に陥った（同作には南原も出演していたが、高千穂とほぼ同様の問題が発生。これらの理由により、同作は当初予定されていた松竹系での公開が一部中止になるという事態になった。その後、この〝事件〟はカルテルの疑いがあるとして大問題に発展するが、長くなるし本書の趣旨ともズレてくるので、そこへの言及は割愛する）。紆余曲折を経て松竹の専属となった彼女は本作でブルーリボン助演女優賞を獲得し、時代劇のお姫様から現代劇もこなせる演技派女優へと見事に転身した。

松竹における清張映画の基礎だけでなく、「2時間サスペンス」の基本フォーマットの一つを作ったという点では、日本のサスペンスもの全体に永続的かつ多大な影響を与えた一作と言えるだろう。

白黒　松竹グランドスコープ　95分　［公開日］1961年3月19日　［製作］松竹大船撮影所　［配給］松竹
［監督］野村芳太郎　［製作］保住一之助　［脚本］橋本忍、山田洋次　［撮影］川又昂　［美術］宇野耕司
［音楽］芥川也寸志
［出演］久我美子、高千穂ひづる、有馬稲子、南原宏治、西村晃、加藤嘉、穂積隆信、沢村貞子、織田政雄、十朱久雄、高橋とよ、佐々木孝丸
［DVD・BD］松竹

黒い画集 ある遭難

1961年　東宝

井上靖原作の『氷壁』(1958)や円山雅也原作の『妻は告白する』(1961)など、登山中の遭難に事件性があったことで波乱が起きる……という作品が一時期流行した。今挙げた2作品は共に大映で増村保造が映画化したが、同系統の題材を扱った清張の短編『遭難』が、『あるサラリーマンの証言』に続く『黒い画集』シリーズの第2弾として、東宝で映画化された(原作の発表は『遭難』が先)。

8月末、東京のとある銀行に勤める江田(伊藤久哉)、浦橋(和田孝)、岩瀬(児玉清)の3人は、北アルプスの鹿島槍ヶ岳に登った。経験豊富な江田がリーダーを務め、登山初心者の浦橋にも無理のないペースで登山を続けた。だが、江田の次に登山経験が多い岩瀬は最初からひどく疲れていて何度も休憩をとった。やがて天候が悪化してきたが、引き返そうとする江田に対して岩瀬は前進を主張する。江田が折れて前進を続けたがさらに天候は悪化、3人は結局引き返すことに。だが彼らは濃霧で道を誤り遭難、江田が救援を呼びに行っている間に、岩瀬は疲労と恐怖から錯乱状態に陥り黒部渓谷へと転落して落命してしまう。数カ月後、浦橋は岩瀬の追悼のために、遭難の顛末を山岳雑誌に投稿した。そんな時、江田は岩瀬の姉・真佐子（香川京子）とその従兄の槙田（土屋嘉男）の来訪を受ける。真佐子は弟の遭難現場に花を捧げに行きたいと思っているが、女性でしかも登山経験が無いので無理。そこで、登山のエキスパートでもある槙田にその任を託し、江田に現場までの案内を頼みたいと言うのだ。だが、実はその裏には、真佐子たちが抱いていた、ある疑惑があった……。

スタッフとメインキャストは実際に鹿島槍に登り、長期にわたってロケ撮影が行なわれたという。当然、山に登る役の4人には、知名度よりもある程度登山ができる俳優が選ばれたのだろう。正直言って、本作は『黒い画集』シリーズの中で最もキャストが地味なのだが、それには以上のような理由があるのかも知れない（スター俳優を実際に山に登らせて万一のことがあったら……という会社側の心配もあったのだろう）。だが、それがむしろ本作にドキュメンタリー的な（または、テレビ番組でよく見られる再現ドラマ風な）雰囲気を強く持たせるという効果を生んでいる。

本作も、当時の清張映画の大多数と同じく白黒映画である。実際に北アルプスで撮影された山々の絶景はカラーならばさらに素晴らしかっただろうが、それを敢えてやらなかったことで〝観光映画〟になるのを避けたのだろう（もちろん、当時は高山でのカラー撮影は技術的にも予算的にもかなり難しかった、という理由もあったと思われる）。

最初の登山の行程を再現しながら、そこに存在する疑問点や矛盾点を指摘していき、〝事故〟の裏に隠された真実を暴いていく。まさに推理ものの王道である謎解きを登山の中で展開させるというユニークな作りであり、それを丁寧に映像化したわけである。遭難の時は夏山で、後半は雪を被った冬山。同じコースなのにまったく印象が違うのは季節が違うから当然ではあるが、その面白さから登山の魅力を感じる観客もいたかも知れない。

もっとも、結末は原作とある意味正反対である。映画にすれば恐らく1分ほどの違いになると思われるが、それが有ると無いとでは作品全体の印象が変わってくる。どちらが良いかは簡単に判断できないが、原作と映画の違いを楽しめる好例かも知れない。

『黒い画集　ある遭難』のポスター

本作は、熱心な映画ファンにとって注目に値するポイントがある。脚本を担当したのが、『網走番外地』シリーズ（1965～72）からいわゆる「異常性愛もの」まで幅広いジャンルの作品を手がけ、今日でもカルト的人気を誇る石井輝男。成瀬巳喜男や清水宏といった巨匠の作品に助監督としてつき、新東宝で娯楽映画を多数監督。本作の年に倒産寸前の新東宝から東映に移籍。本作はまさにその頃に公開された。移籍早々、本作の約3カ月後に公開された『黄色い風土』を監督し、この年は「清張づいて」いた。だが後年は『恐怖奇形人間』や遺作となった『盲獣VS一寸法師』（2004）など、江戸川乱歩作品の映画化で印象的な作品を遺した。自身の監督作品では敢えて完成度を落として破壊する傾向が強かったが、しっかりした作品を作れる手腕を持っていたことは、高い完成度で仕上げられた本作の脚本から容易に理解できる。

監督の杉江敏男は、美空ひばり・江利チエミ・雪村いづみの「三人娘」の主演作、そして『お姐ちゃん』キャッツ主演作などを手がけ、監督デビューした1950年から20年弱の間に何と63本の映画を監督した。まさに量産時代の日本映画を代表するプログラム・ピクチャーの名手だが、自身はサスペンス映画を撮りたがっていたらしく、その願いが叶った本作や『三十六人の乗客』は渾身の傑作となった。（1959〜63）や『若大将』などシリーズものの青春コメディを中心に、『社長』シリーズやクレージー

本作のキャストで最も印象に残るのは、槙田役の土屋嘉男だろう。黒澤明映画の常連脇役、そして東宝SFでは宇宙人など個性的でエキセントリックな役を演じてきた。本作では珍しく（一見）〝普通の男〟の役だが、終始穏やかな口調ながら鋭い指摘とどこか傲慢な態度で江田をジワジワと追いつめていく。ちょっと刑事コロンボを連想させる〝探偵〟ぶりである。

土屋と同様、黒澤映画に多数出演した香川京子が、本作の出演者の中では最も有名なスター。フリーランスで活動していたおかげで、小津安二郎『東京物語』、成瀬巳喜男『稲妻』（1952）、溝口健二『近松物語』（1954）など、日本映画黄金期を代表する名だたる巨匠たちの作品に、会社の壁を越え

て出演することができた。

合成撮影無しの山岳風景を背景にしているため、遭難と推理のシーンがより緊張感を持って観客に迫ってくる。これも、「ロケ撮影が肝」の清張映画ならではの効果だろう。

白黒　東宝スコープ　87分　［公開日］1961年6月17日　［製作］東京映画　［配給］東宝
［監督］杉江敏男　［製作］永島一朗　［脚本］石井輝男　［撮影］黒田徳三　［美術］小野友滋　［音楽］神津善行
［出演］伊藤久哉、土屋嘉男、香川京子、児玉清、和田孝、天津敏、松下砂稚子、那智恵美子、塚田美子
［DVD］東宝

黄色い風土

1961年　ニュー東映

『点と線』1本で清張映画の製作を休止していた東映だったが、いかにも当時の東映映画に出てきそうな設定の小説が発表されたことで、再び清張映画に挑戦することになった。しかも、新東宝から移籍したばかりの奇才監督が、その大任に抜擢された。

『週刊東都』の記者・若宮（鶴田浩二）は、女性問題研究家の島内（柳永二郎）への取材のため、（当時は新婚旅行のメッカだった）熱海に向かう列車に乗り込んだ。彼と相席になったのは、カトレアの匂いを漂わせた美女（佐久間良子）。発車直前、見送る人のいない新婚夫婦（北川恵一、八代万智子）が乗り込んでくる。熱海の通信員・村田（春日俊二）に迎えられた若宮は「鶴屋ホテル」に泊ったが、その夜、彼の部屋に間違って洋服が届けられるという珍事があった。翌日、錦ケ浦で飛び込み自殺したと見られる死体が発見され、島内への取材を終えた若宮は現場に向かった。その死体は若宮が列車で一緒になった新婚夫婦の夫であり、妻も失踪していた。二人もまた鶴屋ホテルに泊まっていたが、その部屋の番号は若宮の部屋のものと似ていた。若宮はこの自殺に不可解なものを感じ、それに同意し

た編集長の木谷（丹波哲郎）の命令で、同僚の田原（曽根晴美）と共にこの事件を追うことになった。若宮のカンは的中し、鶴屋ホテルのフロント係・春田（増田順司）が名古屋で、鶴屋ホテルで誤って若宮に洋服を届けた男・倉田（大東良）が真鶴岬で……と、例の自殺に関係がある人物が次々に殺された。しかも、それを追って現地に飛んだ若宮は必ず島内に遭遇し、彼が居る所には例のカトレアの匂いが漂っていた。謎は深まるばかりだったが、さらに殺人事件が続発。調査を続けた若宮は、事件の背後にかつて旧日本陸軍が行なっていた秘密の研究が存在していることを突き止める……。

清張作品らしく、熱海に始まり日本各地で事件が発生（ただし、原作にあった小樽の事件は省略）、それを追って主人公が各地を転々とする展開。原作の沈丁花《じんちょうげ》からカトレアに変更された謎の女など、多彩な登場人物が入り乱れて、混乱している間に物語のスケールはどんどん大きくなっていく。後半は清張作品らしからぬ話の膨らみようだが、ベースになる部分はきちんと理詰めで展開していて、さすがは清張と思わせる。ところが、その前半と後半の乖離ぶりまでそのまま（というより、むしろ喜んで?）映画にしてしまうところが、石井輝男らしいところだろう。クライマックスは、大スターの出番にもかかわらずかなり危険な状況で撮影が行なわれたことが窺えるが、この暴走気味の演出はまさに石井の真骨頂である。前半部でも、いくら原作通りとは言え人が殺され過ぎで、観ていて若干困惑してしまうが、もちろんそんなこともお構い無しだったのだろう。ただ、見るからに怪しげな「いつもの俳優たち」が犯人グループとして登場するが、従来のイメージで見ていると彼らの上下関係などがまったく予想がつかないほど捻ったキャスティングになっている。この辺りも「さすが石井輝男」といったところだろう。

主演の鶴田浩二は1948年に俳優デビュー、美男スターとしてアイドル的人気を誇っていた。石井と同じ頃に東宝から東映に移籍、次の東映清張映画『考える葉』にも主演している。その後、任俠映画のスターとして更なる活躍を続けることになる。その上司役の丹波哲郎も石井と同様に新東宝を倒産直前に離脱、フリーとなって各社の作品に出演し始めていた。本作では椅子にふんぞり返ってあれこれ指示を出すという、後のテレビドラマ『キイハンター』（1968〜73）や『Gメン'75』（1975〜82）で彼が演じた役柄を彷彿とさせるキャラを演じている。ちなみに、本作の助監督・鷹森立一《りゅういち》や美術を担当した近藤照男らは、これら丹波主演のテレビシリーズにも参加することになる。佐久間良子の清張映画ヒロインがこれ1作というのはもったいないが、後にテレビの『波の塔』（1983）に主演している。

最後に余談を一つ。本作の配給は「ニュー東映」という、映画史に詳しくない人には「？」の会社である。これは名前から想像がつくと思うが、東映の子会社である。東映がテレビ映画製作のために設立した「東映テレビ・プロダクション」が母体で、東映の劇場用作品の生産力を増強するため1959年に「第二東映」として誕生した。61年2月に「ニュー東映」と改称するが、同年末に製作・配給を中止し、東映に吸収される形で消滅した。低予算のプログラム・ピクチャーを大量生産したが、そのために助監督の監督昇進や売り出し中の俳優が大役を摑むハードルが低くなった。深作欣二の監督デビュー、松方弘樹や千葉真一らの初主演も同社の作品であり、新東宝から移籍した石井の受け皿にもなったわけである。
と書くと本作も低予算のプログラム・ピクチャーということになるが、金をかけるべきところにはきちんとかけ、予算は少なくともアイディアと技術でカバーするという当時の日本映画の底力が存分に発揮された作品に仕上がっている。

白黒　東映スコープ　89分　［公開日］1961年9月23日　［製作］東映東京撮影所　［配給］ニュー東映
［監督］石井輝男　［企画］原伸光、片桐譲　［脚本］高岩肇　［撮影］星島一郎　［美術］近藤照男
［音楽］木下忠司　［出演］鶴田浩二、丹波哲郎、佐久間良子、柳永二郎、須藤健、曽根晴美、若杉英二、春日俊二、小林裕子、内藤勝次郎、吉川満子、神田隆、利根はる恵、故里やよい、八代万智子、増田順司、佐藤晟也、杉義一、明石潮、天草四郎
［DVD］未発売

黒い画集 第二話 寒流

1961年 東宝

50年代末の清張映画ブームには乗らなかった東宝だが、『黒い画集』シリーズを約1年半の間に3作品も製作した。その最終作となったのが本作である（タイトルの「第二話」は、原作も映画も勘定が合わないので意味は不明だが……）。

安井銀行本店の貸付課長・沖野（池部良）は、学生時代からの親友で前頭取の息子でもある常務取締役の桑山（平田昭彦）の強引な抜擢によって、池袋支店長という重要ポストに任命される。とは言え、桑山の女遊びの後始末を押し付けられたり、病弱な妻・淳子（荒木道子）との仲は冷え切っていたりと、私生活は荒んでいた。沖野は新任の挨拶まわりに行った際、料亭「比良野」の女主人・奈美（新珠三千代）と知り合った。しばらくして、沖野は奈美から店の増築のために1千万円の融資の依頼を受けた。かなりの大口取引だが、「比良野」の経営状態から問題ないと判断した沖野はこの依頼を承諾した。これをきっかけに沖野と奈美は一気に親密になり、体の関係を持つまでに至った。結婚を口にする奈美に、沖野はどんどんのめり込んでいく。ところがある日、池袋支店を訪れた桑山がちょ

うど更なる追加融資を依頼しに沖野を訪ねて来た奈美に会ったことから、二人の仲は狂い始める。奈美を見初めた桑山は、沖野と奈美を湯河原に泊りがけでのゴルフに誘い、追加融資をエサに奈美を口説いた。気まずい雰囲気のゴルフ旅行から帰宅した沖野は、淳子が素行調査で彼と奈美との関係を知らされ、自殺未遂を起こしていたことを知る。しかも、しばらくして彼は宇都宮支店への転勤を命じられ、その上奈美の態度も冷たくなり始める。奈美はすでに桑山と関係を持っていたのだ。沖野は桑山への復讐を企むが……。

東宝の『黒い画集』の3作はいずれもサラリーマンが主人公だが、主人公の仕事や日常が物語の芯になっているのは1作目以来である。しかも本作は、公私共に追いつめられた主人公が足掻けば足掻くほど事態がどんどん悪化していく……という過程を、きっちりと描いていく。そこから伝わってくる「観ているこっちも胃が痛くなる感」の強さは、1作目を越えているかも知れない。沖野に降りかかる不幸のつるべ打ちの容赦の無さは、少し前で例えれば韓流ドラマに通じるものがある。しかし、これもやはり清張の原作のベースにあるものに従った結果だろう。その上、殺人などのような「犯罪らしい犯罪」(?)が登場しないため、過剰とも思えるほどの不幸の連鎖にすら妙なリアルさが漂っている。

そんな、踏んだり蹴ったりな主人公を演じているのが、『青い山脈』(1949)、『暁の脱走』(1950)、『早春』(1956)、『雪国』(1957)などに出演した日本映画黄金期を代表する二枚目スターの池部良だというのも、当時としてはかなり意外なキャスティングだったと言える。それまでは爽やかで生真面目な役が多かったが、60年代に入ってからは『乾いた花』（1964）や『昭和残侠伝』シリーズ（1965〜72）などのヤクザ役をはじめ、従来のイメージとは正反対の役が増えた。本作はまさにその〝移行期間〟の作品であると言える。個人的には、キャラクターや役回りから考えると沖野はもう少し地味目な俳優の方がリアリティがあったように思える（『あるサラリーマンの証言』における小林桂樹のような感じ）。池部はちょっと二枚目過ぎる気もするのだが、相手役である新珠三千代とのビジュアルやスターとしての〝格〟のバランスの問題から、このキャスティングになったのかも知れない。ただ、〝移行〟がほぼ完了した時期に公開された次の清張映画では、観客がさらに驚くような役を演じている。

新珠は、清張自身が大ファンだったという有名な話もあり、満を持しての清張映画登場となった。原作における奈美の容姿の描写は、新珠そのものとしか思えない。彼女を想定して書かれたものかどうかは分からないが、（清張にとっても）完璧なキャスティングだと言えるだろう。

絵に描いたようなイヤな奴・桑山を演じた平田昭彦は、怪獣・SF映画における科学者役をはじめ、刑事や官僚などカタめの役が多かった俳優。本作の前年のアクション映画『男対男』（1960）でも、池部の宿敵となる殺し屋を関西訛りで怪演していた。

他にも宮口精二や中村伸郎ら清張映画の常連、他社での出演が多かった志村喬など重厚なキャストが揃っているが、『黄色い風土』に続いての清張映画出演となる丹波哲郎が、「その筋」の親分役で短い出番ながらまたもや「いかにも」な登場を果たしている。

監督の鈴木英夫は戦前に映画界入り、大映東京撮影所での助監督時代には『共犯者』の田中重雄らに師事。監督昇進2作目の『蜘蛛の街』（1950）は（後に清張もノンフィクション『日本の黒い霧』で取り上げた）下山事件を題材にしたドキュメンタリー・タッチのサスペンスで、非常に高い評価を得た。鈴木自身もサスペンスやスリラーを撮りたがったが当時の大映ではその手の企画に消極的だったこともあり、54年に東宝に移籍。女性たちを主人公にしたサラリーマン映画の変形でサンパウロ映画祭審査員特別賞を受賞した『その場所に女ありて』（1962）など喜劇やメロドラマなどを手がけつつ、石原慎太郎が主演を務めた『危険な英雄』（1957）をはじめ『非情都市』（1960）などのサスペンス系作品で本領を発揮。代表作として挙げられる機会が多い『悪の階段』（1965）に象徴される、「殺伐とした人間関係をベースに、強い野心を抱いた主人公（とその人物が企てた計画）が呆気ない末路をたどる」という無常観に満ちたパターンが特徴だった。本作もそのバリエーションの一つと言えるだろう。68年以降は映画で監督を務めることはなくなり、『傷だらけの天使』（1974〜75）や初期の2時間サスペンスなど、テレビドラマの演出に専念した。

『蜘蛛の街』の作りや東宝サスペンスでの作風を考えると、清張作品と鈴木の相性はかなり良かったはずである。清張ブームの数年前というタイミングで大映を去らなければ大映の清張映画はかなり違ったものになっていただろうし、東宝がもっと清張映画を製作しそれらに鈴木を起用していたら更なる傑作がもっと生まれていたかも知れない。

鈴木こそは、清張映画の流れを変えていたかも知れない監督だったのだ。

白黒　東宝スコープ　96分　〔公開日〕1961年11月12日　〔製作・配給〕東宝
〔監督〕鈴木英夫　〔製作〕三輪礼二　〔脚本〕若尾徳平　〔撮影〕逢沢譲　〔美術〕河東安英　〔音楽〕斎藤一郎
〔出演〕池部良、新珠三千代、平田昭彦、宮口精二、志村喬、中村伸郎、荒木道子、丹波哲郎、小川虎之助、小栗一也、浜村純、松本染升、北川町子、田島義文、広瀬正一
〔DVD〕東宝

コラム

小説を映画に変換する

清張映画の脚本家たち

様々な脚本家が清張映画を手がけたが、特に50年代末の清張映画ブームの頃は、アクションものを多く手がけていた脚本家が担当するケースが多かった。一方、松竹や東宝の作品では、人間ドラマに定評がある脚本家がほとんどだった。これを見れば、各映画会社における当時の清張映画の扱いが理解できる。監督の場合と同様1回きりの脚本家が多いことも、やはり〝相性〟が大きく影響する清張映画の特質を表している。

ここでは、清張映画を数多く手がけた（つまり、清張作品との相性が良かった）二人の脚本家について、簡単にまとめてみた。

橋本忍

日本映画界を代表する名脚本家。清張が、自作の映画化作品で最も好きな作品として挙げた3本——『張込み』、『黒い画集　あるサラリーマンの証言』、『砂の器』をはじめ合計6本（共同執筆を含む）の清張映画の脚本を執筆、「人間ドラマとしての清張映画」という（特に松竹作品の）方向性を築いた。

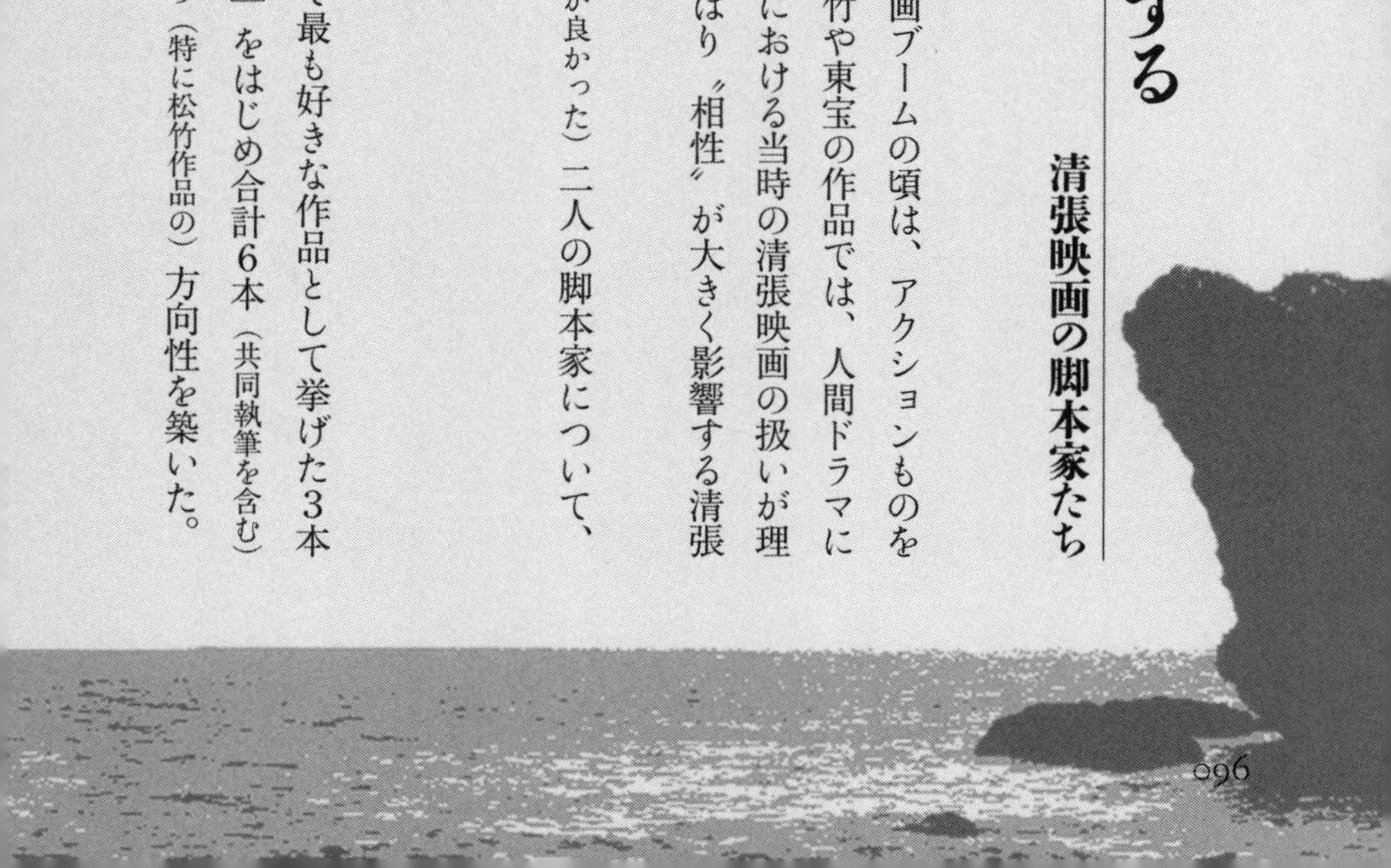

1918年兵庫県生まれ。1938年に応召するが粟粒結核《ぞくりゅう》のため服役免除となり、療養所へ。病床で隣あった兵士が読んでいた日本映画に関する本を読んで脚本に興味を持ち、その兵士の言うところの「日本で一番偉い脚本家」である伊丹万作に、退所後に執筆した自作の脚本を送ったところ返信があり、以後、姫路市でサラリーマン生活を送りながら伊丹から指導を受ける。伊丹の一周忌の時に未亡人から佐伯清監督を紹介され、後に芥川龍之介の『藪の中』の脚色作品を佐伯に渡したところ、それが黒澤明の手に渡った。黒澤の要請を受けて同じ芥川の『羅生門』の要素を加えて長編化したものが『羅生門』として映画化され、橋本の脚本家デビュー作となった。翌年に勤め先の会社を辞めて上京、専業脚本家となった。

黒澤映画の脚本家集団の一員として全盛期の黒澤作品を支える一方、今井正の『真昼の暗黒』（1956）、成瀬巳喜男の『鰯雲』（1958）や『コタンの口笛』（1959）、山本薩夫の『白い巨塔』（1966）、岡本喜八の『日本のいちばん長い日』（1967）、稲垣浩の『風林火山』（1969）、五社英雄の『人斬り』（1969）、舛田利雄の『人間革命』（1973）、森谷司郎の『日本沈没』（1973）、野村芳太郎の『八つ墓村』といった、名だたる監督たちの名作や大ヒット作を多数手がける。また、自身が脚本を担当したテレビドラマを自ら映画化した『私は貝になりたい』（1959）で監督デビューを果たす。

1973年には、野村や森谷、TBSの演出家・大山勝美らも参加した映画製作会社「橋本プロダクション」を設立、その第1回作品が『砂の器』だった。この作品の大ヒットで自信をつけた橋本らは次に森谷の『八甲田山』（1977）を製作、こちらも記録的な大ヒットとなった。ところが、再び監督も務めた大作『幻の湖』（1982）が記録的な不入りで公開後わずか1週間で上映打ち切りという憂き目に遭った。この一件による業界内での信用失墜や自身の健康上の問題から、以後20年近くにわたって引退同然の状態に陥ってしまう。しかし21世紀になってから、健康の回復と共に彼の作品に対する再評価も起こり、黒澤明との関係についての著書を発表するなどして、活動を再開した。

橋本の作品の完成度の高さは非常に有名だが、本書の前の方でも触れたように、原作ものの脚色という難しい役目での活躍ぶりが目を引く。原作小説をダイジェストと言えるほど圧縮したり、大幅な改変を行なったりする場合でも、原作の本質を損ねることなく映画に反映させることを得意とした。また、原作では省略されたり簡単に扱われた部分を拡大して映画的な見せ場にすることもあり、それが最も成功した例が『砂の器』である。

清張映画は、冒頭で触れた3本の他に『ゼロの焦点』、『霧の旗』、『影の車』を担当。『あるサラリーマンの証言』以外はすべて松竹作品である。

井手雅人

清張映画第1作『顔』（瀬川昌治と共同）をはじめ、東映での『点と線』、橋本が担当しなくなってからの野村作品『鬼畜』と『わるいやつら』の4本の作品に参加、橋本に次いで清張映画の要所を押さえる形となった（ただし、第四章のコラムで改めて触れるが、映画化されなかった脚本がいくつかあるので、橋本を超える本数である可能性がある）。

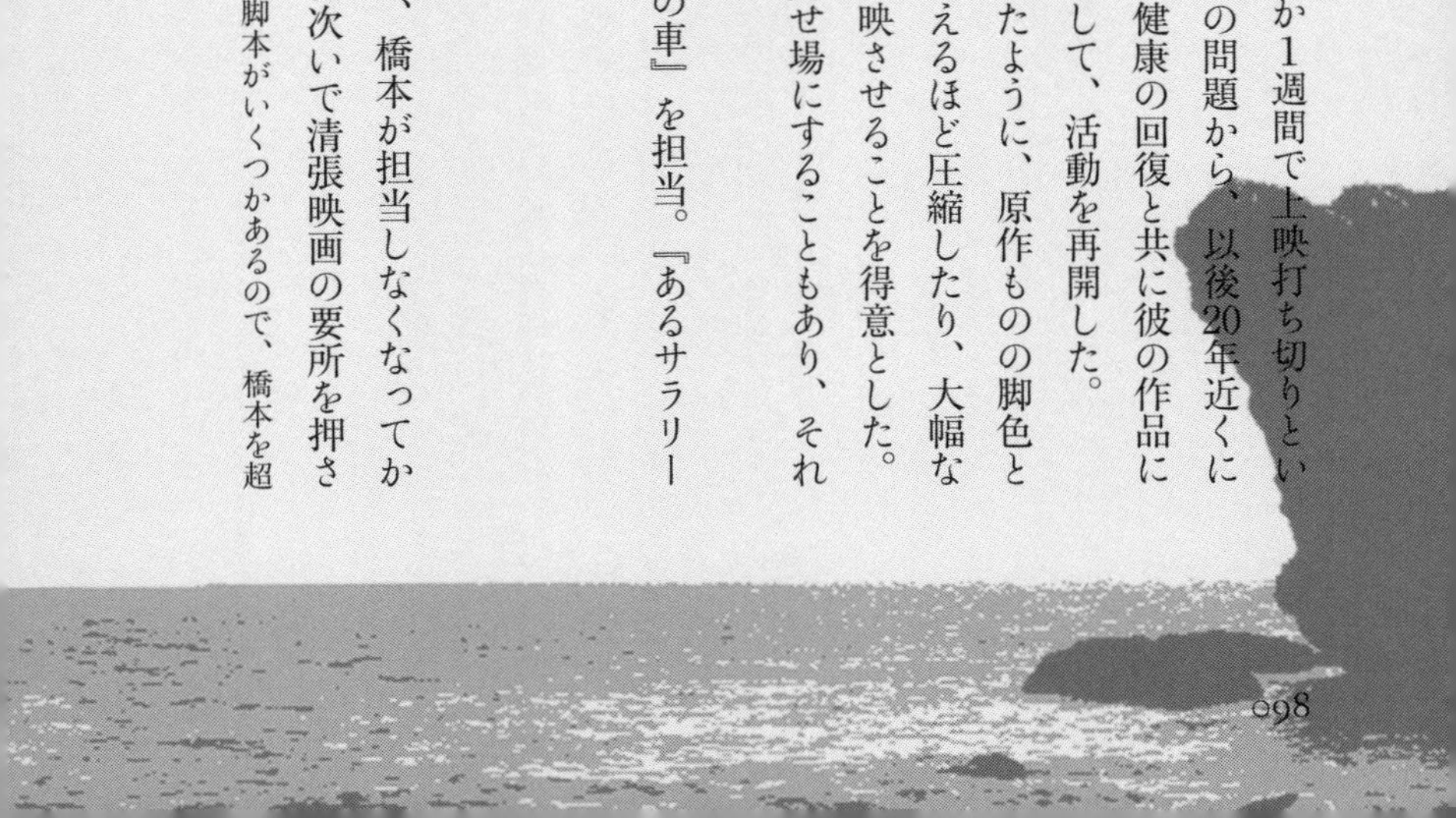

1920年佐賀県生まれ。小学校の教員を経て48年に新東宝に入社、長谷川伸に師事して小説を学び、この時期に執筆した『地の塩』が直木賞候補になる。54年以降はフリーの脚本家として各社の作品を手がける。

井手もやはり黒澤作品を担当している。『赤ひげ』、『影武者』(1980)、『乱』(1985)の3本だが、『デルス・ウザーラ』(1975)にもノン・クレジットで参加している。他に、増村保造の『妻は告白する』、谷口千吉の異色戦争ドラマ『独立機関銃隊未だ射撃中』(1963)、野村芳太郎の『五瓣の椿』や『震える舌』、山本薩夫の『証人の椅子』(1965)、三船敏郎と石原裕次郎のプロダクション同士の合作『黒部の太陽』(1968)、新田次郎の原作を堀川弘通が映画化した『アラスカ物語』、岡本喜八の『ダイナマイトどんどん』(1978)、森谷司郎と高倉健の『海峡』(1982)など。1989年に69歳で死去。

清張映画においては、最初の2本は(恐らく製作会社の意向に沿って)大胆な改変や大幅な簡略化を行ない、後半2本は野村作品らしく比較的原作の雰囲気や要素を忠実に再現したものとなっており、橋本の後釜という重責を見事に果たした。

考える葉

松本清張のスリラー

1962年　東映

『松本清張のスリラー』というベタなサブタイトルをわざわざ付けてあるのは、いかにも当時の東映らしいやり方でご愛敬だが、東映の清張映画3作目は、前作の石井輝男に引けを取らない奇才監督の作品だった。

山梨の田舎から上京したものの都会での生活に挫折した青年・弘吉（江原真二郎）は、警察の留置場で井上（鶴田浩二）と知り合った。弘吉のことを気に入った井上は釈放された彼を自分の家に下宿させ、大日建設の警備員の仕事まで世話をする。その大日建設の敷地内で、大原（久保一）という男の他殺体が発見される。実は、大日建設の社長・板倉（仲谷昇）は戦時中、軍部と結託してアジアの某国から金塊を略奪し隠し持っていたのだ。そして大原は元憲兵で、金塊の場所を探っていたために殺されたのだ。数日後、弘吉は井上から品物を受け取りに行くように頼まれた。だが、指定の場所で弘吉が受け取ったのはピストルで、彼は国賓として来日していた某国使節のムルチ射殺事件の犯人として逮捕されてしまう。実は、板倉らによる例の略奪行為が最近になって発覚し、ムルチはその調査のために来日していたのだ。そして、ムルチ暗殺の首謀者は板倉と彼の後ろ盾になっていた大物保守政治家・中野（柳永二郎）であり、弘吉はそのために利用されたのだ。板倉の下で動いていた井上が弘吉をこの計画に巻き込んだのだが、弘吉の人柄を気に入った井上は板倉らに反旗を翻そうとする……。

思い切りネタバレをしてしまうが、大スターの鶴田浩二が途中であっけなく殺されてしまい姿を消すという衝撃の展開。「実は死んだと見せかけて姿をくらましていた」というオチかと思いきや、そうならなくて二度ビックリ。出演者の格や定番の役どころで話の展開を読むということができないところは『黄色い風土』に似ている。その『黄色い風土』にしても、鶴田浩二が出演するサスペンスものは、なぜか戦時中の悪事や陰謀話が登場するものが多い。その中の一本である東宝のＳＦスリラー『電送人間』（１９６０）と本作の物語には、かなり共通点がある。とは言え、『考える葉』の方はより社会性を持たせたストーリーになっていて、映画化である本作でも「一番悪い奴」は最後まで無事であり、その男を象徴するある建物が劇中で何度も画面に映る。黒澤明の『悪い奴ほどよく眠る』（１９６０）を少なからず意識して製作されたのは間違いないだろう。

だが、戦時中の悪事や外国の要人暗殺などのネタ自体は、いかにも東映の犯罪・サスペンス系の娯楽活劇映画によく登場しそうなものであり、やはり東映が自社のカラーに合う作品を慎重に選んでいたことが分かる。

監督の佐藤肇は、『警視庁物語』シリーズ、『怪談せむし男』（1965）、『黄金バット』（1966）など、一貫して犯罪・サスペンス・ホラー・SFといったジャンルの作品を撮り続けた。特に、松竹に請われて監督したホラーSF『吸血鬼ゴケミドロ』（1968）は、クエンティン・タランティーノなど海外にも多数の大ファンを生んだ。テレビでも『キイハンター』や『特捜最前線』（1977〜87）、そして2時間サスペンスなど、手がけるジャンルにブレはなかった。

佐藤の作品のほとんどを手がけた菊池俊輔が、本作でも音楽を担当している。木下忠司に師事し、映画音楽では昭和『ガメラ』シリーズ（1965〜80）の後期作品や梶芽衣子の『女囚さそり』シリーズ（1972〜73）とその主題歌『怨み節』など、やはりアクション、サスペンス、SF系の作品を主に担当。だが、菊池と言えばテレビ作品の知名度が非常に高く、『キイハンター』、『タイガーマスク』（1969〜71）、昭和『仮面ライダー』シリーズ（1971〜89）、『赤い』シリーズ、『Gメン'75』、『暴れん坊将軍』（1978〜2003）、『ドラえもん』第1期（1979〜2005）など、幅広い世代に知られている作品を多数担当、基本的にはそれらの主題歌もすべて担当している。

実質的な主演者である弘吉役の江原真二郎は、今井正に気に入られ『米』（1957）などに出演。文芸ものへの出演が多かったせいか、本作の後半は頼りなげな弘吉が危機に陥ることにより、サスペンスがさらに盛り上がっていた。本作以降は、内田吐夢の『宮本武蔵』五部作（1961〜65）の吉岡清十郎役をはじめ、ギャング映画から喜劇まで幅広いジャンルの作品に出演している。

東映らしさと清張らしさが絶妙なバランスで同居している作品であり、清張映画の更なる広がりを予感させる作品になったが、本作以後現在に至るまで東映は清張映画を製作していない。

白黒　シネマスコープ　85分　［公開日］1962年5月16日　［製作］東映東京撮影所　［配給］東映
［監督］佐藤肇　［企画］佐藤正道、大賀義文　［脚本］棚田吾郎　［撮影］仲沢半次郎　［美術］近藤照男
［音楽］菊池俊輔
［出演］鶴田浩二、江原真二郎、磯村みどり、仲谷昇、久保菜穂子、三津田健、柳永二郎、植村謙二郎、八名信夫、亀石征一郎、仲原信二、永田靖、河合絃司、久保一、潮健児
［DVD］未発売

無宿人別帳

1963年　松竹

現代劇の推理ものでは〝本家〟と言えるほどの製作本数を誇っていた松竹が、清張映画では2本目となる時代劇を製作した。同社が前年に製作した『切腹』（1962）が国内外で高い評価を得て多数の映画賞を獲得したことから、時代劇に力を入れようという気運が社内で強くなったのではないだろうか。その題材として、〝おなじみ〟の清張作品が選ばれたとしても不思議ではない。『切腹』がリアリズム重視の重厚な作品だったためか、清張時代小説の中から選ばれたのは、2つの短編集からそれぞれ採られた緻密な考証に基づいた作品だった。一方の短編集の表題作である『佐渡流人行』をベースに、戸籍帳簿に記載がなかった江戸時代の人間＝「無宿者」たちを各話の主人公にした『無宿人別帳』の一編『逃亡』を組み合わせたものが、本作の物語である。

享和2（1802）年、弥十（佐田啓二）はじめ各地の無宿人62名が佐渡へ送られてきた。彼らを護送した同心・占部小十郎（長門裕之）は、出世にとり憑かれた抜け目のない小役人。無宿人たちは金山での水替仕事に従事させられたが、それは常に苦しい上に生命の危険を伴うまさに地獄の労苦だった。彼らと時を同じくして新しく佐渡奉行に着任した横内主膳（田村高廣）は腐敗した奉行所の改革を行なおうとしていたが、彼と同時に支配頭に着任した黒塚喜助（二本柳寛）は、私腹を肥やすため地元の山師・加賀谷庄右衛門（小堀明男）と結託し、様々な策を弄し改革を妨害しようとする。さらに黒塚には、妻・くみ（岡田茉莉子）と御家人・宗像弥十郎の仲を疑い、弥十郎に無実の罪を着せて佐渡送りにしたという秘密の過去があった。ところが、弥十こそがその弥十郎だと知った黒塚は、小十郎に命じて坑内で落盤を起こさせ、他の無宿人たちと共に事故に見せかけて殺そうとした。小十郎もまた、自分の妾・おりん（左幸子）を妹と称して、独身の主膳に差し出して籠絡させようとする。そんな中、黒塚らは無宿人の下世話役・新平（三國連太郎）を買収し、無宿人たちに島から脱出するようそそのかさせる。そうなれば奉行である主膳の失態になるだけでなく、逃亡を阻止するという名目で弥十郎を鉄砲隊に射殺させることもできるという黒塚の思惑があったのだ……。

清張の綿密なリサーチによって描かれた「佐渡送り」の実態を、やはりリアル志向で映像化した重厚な作品。「3K」そのものの金山での作業に従事する男たちの姿を延々と映し出し、それまでの松竹映画のイメージとはかなり異質の作品に仕上がっている。過去にワケ有りの男女のつながり（不倫系）や、その女性の方の夫（社会的にはそこそこの地位にある）が悪事に手を染めていたり……と、現代ものの推理小説に見られる設定や展開がある辺りは、一般的なイメージの「清張作品」との共通点が多い。（ごく一部を除いて）情け容赦の無さが徹底している結末も、ある意味「清張ぽい」と言えるだろう。

監督の井上和男は48年に松竹大船撮影所に入社、脚本部から助監督になり小津安二郎や川島雄三らに師事し、56年に監督デビュー。メロドラマなどを手がけた後、東宝系列の製作プロダクションである東京映画で『駅前』シリーズ（1958〜69）などの喜劇映画を中心に手がける一方、フランク・シナトラ唯一の監督作品である日米合作『勇者のみ』（1965）に「協力監督」として参加。また、没後20年の記念企画として製作されたドキュメンタリー『生きてはみたけれど　小津安二郎伝』（1983）も監督した。金山での苦役やクライマックスで延々と続く死闘など、丁寧で迫力ある画面作りに唸らされるが、本作は彼にとって初めて（そして劇場用映画では唯一の）時代劇。やはり『切腹』が小林正樹としては初の時代劇だったことからの験担ぎを狙った起用だったのかも知れない。

験担ぎと言えば、脚本の小国英雄の起用もそのような意味が込められていた部分がありそうだ。『切腹』の脚本は清張映画でもおなじみの橋本忍。小国も、『生きる』、『七人の侍』、『隠し砦の三悪人』（1958）、『どですかでん』など数多くの黒澤明作品に橋本と共に参加している。その他にも時代劇を中心に多数の映画の脚本を執筆、黄金時代の日本映画においては大御所的存在の脚本家だった。

本作のキャストは豪華かつ異色と言える顔ぶれが揃った。松竹清張映画ではおなじみの佐田啓二だが、髭面浪人役は珍しい。『顔』以来の清張映画出演となった岡田茉莉子、『張込み』を思わせる存在感のある役を演じた宮口精二、清張映画の現代劇での役柄とほぼ同じの二本柳寛。日活を退社した直後の長門裕之と弟の津川雅彦の共演は当時は珍しかったが、直接的な絡みのシーンはない（当時は兄弟の間で確執があったと言われており、そのためか？）。ちなみに、それぞれの細君も1作ずつ清張映画に出演している。特別出演扱いの伴淳三郎は、いろいろな意味で意外な出方。渥美清にとっては『男はつらいよ』

以前の出演作であり、コメディリリーフ的な役ではない。五社協定に縛られることを巧みに避けることに成功していた三國連太郎も印象的な役どころ。寅さんと『釣りバカ日誌』（1988〜2009）の「スーさん」、その後の松竹映画を支える人気シリーズのメインキャラを演じた二人がこんなところで共演していたのだ。

本作が当時の松竹時代劇を盛り上げることができたのかどうかは分からない。ただ、松竹に限らず、本作の後、現在に至るまで清張原作の時代劇映画は製作されていない。時代劇映画自体が下火になっているという現状もあるが、そんな中で『たそがれ清兵衛』などを製作しヒットさせたのは、他でもない松竹である。そろそろ、清張時代劇の新作も観てみたいものである。

白黒　シネマスコープ　118分　［公開日］1963年1月27日　［製作］松竹京都撮影所　［配給］松竹
［監督］井上和男　［製作］白井昌夫　［脚本］小国英雄　［撮影］堂脇博　［美術］芳野尹孝　［音楽］池田正義
［出演］佐田啓二、岡田茉莉子、田村高廣、長門裕之、三國連太郎、津川雅彦、渥美清、伴淳三郎、宮口精二、中村翫右衛門、二本柳寛、岩本美代（現・多代）、左幸子、西村晃、富田仲次郎、三上真一郎、小堀明男、須賀不二男、川辺久造、高野真二
［DVD］松竹

風の視線

1963年　松竹

不倫に悩む男女の恋愛模様を主軸に、警察では捜査二課の管轄となる贈収賄や経済関係などの犯罪が（薄く）絡む。原作が同じ『女性自身』に連載されたということもあり、『波の塔』に連なる路線の作品と言える。松竹としても、このジャンルの製作にはかなり慣れてきたところだっただろう。だが、人間関係は『波の塔』よりもかなり複雑になっている。

新進の若手カメラマン・奈津井（園井啓介）は、新婚旅行を兼ねて取材の旅に出かけていた。だが、彼も新妻の千佳子（岩下志麻）も互いに終始よそよそしかった。実は奈津井は、商事会社のシンガポール支社長を務める竜崎（山内明）の妻・亜矢子（新珠三千代）への想いを断ち切れないまま、彼女の世話により千佳子と見合結婚をしてしまったのだった。亜矢子と夫の間も冷え切っていたが、彼の留守を守りながら目が不自由な義母・總子（毛利菊枝）と暮らしていた。亜矢子は、そんな生活の中で出会った大手新聞の事業部次長・久世（佐田啓二）との愛が心の拠り所となっていた。一方、自身も愛の無い結婚生活の中で虚しい日々を送っていた久世は、仕事を通じて奈津井ら若い芸術家たちとも

強いつながりがあった。さらに、竜崎の会社に勤めていた千佳子には、彼に誘惑されて関係を持ったという過去があった。そんな時、竜崎が突然帰国した。竜崎の不自然な帰国は、複雑な人間関係に更なる波乱を巻き起こすことになる……。

愛の無い結婚と不倫のオンパレード、しかもそれらが繰り広げられるのが非常に狭い範囲の人間関係の中という、かなり濃度が高いドラマである。竜崎が絡む〝事件〟も、『波の塔』のものより扱いが軽いため、メインの5人の関係が複雑に絡み合った愛憎劇でほとんど全編が構成されている。特に印象に残るのが冒頭の千佳子と奈津井の〝新婚旅行〟に漂う冷たさである。雪の中で発見した自殺体を何かにとり憑かれたようにカメラに収める奈津井のシーンのせいもあり、この二人がいろいろな意味で尋常ではないことが窺える（しかもその死体の写真を作品として発表してしまうのは、少なくとも今ならば絶対に大問題になるだろう、とツッコミたくなる）。とは言え、普通ならば回想シーンで延々と描かれるような部分を、登場人物が過去に発したセリフだけが回想している人物の脳裏に甦るという形で処理する、という手法が目立つ。これならば映画の流れもそれほど停滞しないし、ただでさえストーリーに満ちている「こってり感」が多少なりとも薄くなっている。意外にも（?）無駄を少なめにした演出が施されているのだ。また、あまりにも救いの無い『波の塔』とは正反対に、2組のカップルがそれぞれ結ばれることを暗示するハッピーエンドになっているのも、鑑賞後の「どんより感」の軽減に一役買っている。

奈津井が各地に取材旅行に行くという設定のため、本作では青森の十三潟、松島、大分の国東《くにさき》半島など多くの場所でロケ撮影が行なわれた。観光名所的な場所もあるので、美男美女のスター俳優が2組も主演しているという華やかさから見ても、興行的にはカラー作品にしてもおかしくない内容だ。しかし、松竹は『波の塔』ののち、10年間にわたって、再び清張映画を白黒で製作し続けることになる。

監督の川頭《かわず》義郎《よしろう》は終戦の年に松竹撮影所に入社し、木下恵介に師事（この縁からか、本作をはじめ川頭の監督作品の音楽は、数本を除いてすべて木下の弟の忠司が担当している）。55年に監督デビューして以降、『伊豆の踊子』（1960）など大船撮影所の作品を中心に監督し、大船調の継承者の一人となった。残念ながら70年以降は劇場用映画から退き、木下との強い絆からテレビの『木下恵介アワー』（1964〜74）で『おやじ太鼓』（1968）などの演出を手がけたが、72年に46歳の若さで膵臓癌により死去。俳優の川津祐介の兄でもある。

本作は清張映画で初めて女性脚本家が手がけた作品となったが、これも木下との縁によるものである。楠田芳子は恵介や忠司ら木下兄弟の妹であり、夫は、監督デビュー作『花咲く港』（1943）から60年代末までの木下作品の大半を手がけた名カメラマンの楠田浩之。自身の仕事も兄の監督作をはじめとした松竹作品が大半だが、他社での仕事もある。

東宝からの貸し出しで再び清張映画への登板となった新珠三千代と、70年代以降の松竹清張映画の看板女優となる岩下志麻の清張映画初出演。まさに「黄金のWヒロイン」である。佐田啓二はもうしっかり清張映画の〝常連主演者〟。奈津井役の園井啓介は、テレビドラマ『事件記者』（1958〜66）で一躍有名になり、松竹で『あの橋の畔《たもと》で』四部作（1962〜63）などメロドラマに数多く主演。

後の清張映画『花実のない森』など他社の作品にも出演するが、73年に巨額の脱税が明るみに出たことがきっかけになり、芸能界を引退してしまう。ちなみに、奈津井のアーティスト仲間の一人に扮している滝田裕介も、園井と共に『事件記者』にレギュラー出演していた。

しかし、何といっても本作の出演者の中で一番の目玉は、「大作家」役で数シーンに登場した清張自身だろう。プロの俳優並みとはいかないが、セリフ回しや表情の出し方などはそこそこ上手く、園井らを相手に堂々たる〝俳優〟ぶりを披露している。中途半端な上手さが逆にリアリティを醸し出しているのであろう。もっとも清張自身は、大好きな映画というメディアに出演できることが余程嬉しかったのであろう、ノリノリで〝演技〟しているのが観ていてあからさまに分かる（ただ、憧れの新珠との共演シーンが無かったのは悔しかったことだろう）。

豪華キャストの贅沢な共演に清張自身の出演。着実に清張映画が市民権を得てきていた当時の状況がはっきり理解できる作品である。

白黒　シネマスコープ　105分　［公開日］1963年2月17日　［製作］松竹大船撮影所　［配給］松竹
［監督］川頭義郎　［製作］脇田茂　［脚本］楠田芳子　［撮影］荒野諒一　［美術］岡田要　［音楽］木下忠司
［出演］新珠三千代、岩下志麻、佐田啓二、園井啓介、山内明、毛利菊枝、中村たつ、奈良岡朋子、小林トシ子、滝田裕介、矢野宣、野々村潔、加藤嘉、細川俊夫、松本清張
［DVD］松竹

花実のない森

1965年　大映

ミステリー系の映画もかなり生み出していた大映だが、清張映画には今一つ消極的だった。大映最後の清張映画となった本作には、大映のトップ女優の一人であり最も清張作品に似合いそうな若尾文子が満を持して登板した。

自動車セールスマンの梅木（園井啓介）は、東京の郊外を運転中に若い人妻風の美女（若尾文子）と出会い、彼女を宿泊先のホテルまで送り届けた。翌日、梅木の事務所に昨日の女から、彼の車に手帳を置き忘れたと電話があった。早速梅木は彼女に手帳を届けるが、女は決して身元を明かそうとはしなかった。すっかり彼女の魅力にとり憑かれた梅木は翌日もホテルを訪れたが、女はすでにホテルを発っていた。だがそこで彼は、やはりその女を捜しているという、浜田（船越英二）と名乗るサラリーマン風の男に会った。数日後、梅木は偶然目にしたファッションショーの写真の中に例の女を見つけ、彼女と並んで写っていた会社社長で元華族の楠尾（田村高廣）のもとを訪れるが、楠尾もまた彼女の身元を明かそうとしなかった。だが梅木は、ショーの主催者・山辺菊子（角梨枝子）から、女は江藤みゆきという名前で、楠尾の妹であると知らされた。梅木はついにみゆきと関係を持ったが、彼女の身の上についての衝撃的な事実を聞かされた。彼女は兄によって中国地方の豪商で半身不随の男と政略結婚させられたが、退屈な結婚生活に我慢できず、頻繁に上京しては彼女に群がる男たちを相手に刺激を求めていたというのだ。この告白に驚いた梅木は恋人の節子（江波杏子）を住み込みの家政婦として楠尾家に潜入させ、みゆきが兄に深い恨みを抱いていることを知った。だが、みゆきの周囲で連続殺人事件が発生、彼女をめぐる複雑な人間関係が次第に明らかになっていく……。

奔放で高慢だが美しく、男たちを虜にせずにおかない謎の女。これほど若尾にピッタリの役はない。彼女に魅せられた梅木は、探偵ばりの行動力で彼女の正体を探る。その常軌の逸し方は、まさにとり憑かれたとしか言いようがない。しかも、やがて連続殺人が発生し、本当に探偵のように動くことになる。松竹から客演した園井は都会的な二枚目であるがゆえに、むしろその暴走ぶりに変な説得力が漂う。『風の視線』から連続しての清張映画出演となった園井だが、どちらもいささかタガが外れ気味のキャラ。恋人がいるのにみゆきにのめり込み、ついには自分の恋人に〝潜入捜査〟をさせる。そんなことをやらせる梅木もどうかと思うが、素直に言うことを聞いて「家政婦は見た！」を実演してしまう節子も常軌を逸している。梅木に惚れた弱みなのだろうか？　演じる江波杏子は、当時はまだ助演か準主役ばかりで、妖艶な容姿から悪女役なども多かった。本作の翌年、負傷した若尾の代役で『女の賭場』（1966）の主演に抜擢され、以後『女賭博師』シリーズの主演で人気スターになる。やはりサスペンスでは個性的な役が多い船越英二や、会社やジャンルを越えて清張映画にたびたび現れる田村高廣らが、みゆきに翻弄される男たちを怪演している。

監督の富本壮吉は、大映東京撮影所の助監督部で成瀬巳喜男や伊藤大輔らの作品についた後、1960年に監督デビュー。メロドラマやコメディ、そして『黒の爆走』（1964）などのサスペンスを得意としたが、『妻の日の愛のかたみに』（1965）や三島由紀夫原作の『獣の戯れ』（1964）など、若尾文子の主演作も多かった。本作もその流れで担当したのだろう。68年に大映を退社して劇場用映画の現場からも退き、フリーの立場でテレビドラマの演出に専念した。『ザ・ガードマン』や『赤い』シリーズなど大映テレビの作品も多いが、80年代以降は2時間サスペンスで活躍。映画では本作1本だけだったが、テレビでは清張作品を数多く担当。その中の1本である『熱い空気』（1983）は、実は人気シリーズ『家政婦は見た！』（1983〜2008）の第1作だった。以後、同シリーズの演出も頻繁に担当した。『赤い』シリーズでできた山口百恵との縁からか、70年代に1本だけ、山口の『泥だらけの純情』（1977）で約10年ぶりに劇場用作品を手がけた。

脚本の舟橋和郎《かずお》は作家の舟橋聖一の弟。時代劇、メロドラマ、アクション、喜劇、勝新太郎の『兵隊やくざ』シリーズ（1965〜72）……と広い守備範囲を誇っていた。

本作の登場人物の一部が異常性欲を持っていることが描かれているが、本作以降、そのような描写が清張映画において多くなる。後年のテレビにおける富本の監督作品で清張作品が多いこと、そして現在のところ1作だけだが清張映画に若尾文子を登板させたことなど、清張作品の映像化における本作の意義は大きいだろう。

カラー　シネマスコープ　89分　［公開日］1965年1月23日　［製作］大映東京撮影所　［配給］大映
［監督］富本壮吉　［企画］仲野和正　［脚本］舟橋和郎　［撮影］小原譲治　［美術］間野重雄　［音楽］池野成
［出演］若尾文子、園井啓介、江波杏子、船越英二、田村高廣、角梨枝子、川畑愛光、仲村隆、浜村純、吉葉千郎、川島真二、響令子
［DVD］KADOKAWA／角川書店

霧の旗

1965年　松竹

〝若い〟清張映画

第1作の『顔』以来、松竹は1965年までほぼ年1本のペースで清張映画を製作してきた。いずれも松竹の中堅からベテランの監督が手がけたが、野村芳太郎以外はそれぞれ1回きりだった。この体制はほぼそのままの形で70年代以降も続くことになるが、ここにきて監督デビュー5年目の若手が初めて登板することになった。それは恐らく、本作のヒロインがそれまでの清張映画のヒロインの中で最も若い設定であることに関係があるかも知れない。だが、そのヒロインは年齢こそ若いが、他の清張作品のヒロインに負けないほどの強烈なキャラクターであった。

柳田桐子（倍賞千恵子）は、老婆殺害犯として逮捕された無実の兄・正夫（露口茂）の弁護を高名な弁護士・大塚（滝沢修）に依頼するため、熊本から一人上京した。だが大塚は多忙な上、提示された弁護費用があまりにも高額で桐子には払えなかったため、依頼を断られてしまう。それでも諦めず大塚に会おうと事務所に電話をかけていた桐子のやりとりを、雑誌編集者の阿部（近藤洋介）が近くで偶然聞いていた。この一件が気になった彼は詳しく調査したがったが、桐子は断った。一方の大塚も、依頼は断ったものの去り際に桐子が発した「兄は死刑になるかも知れない」という言葉が何故か忘れられなかった。1年後、大塚は桐子からの葉書で、正夫が死刑判決を受けた後に獄中で病死したことを知らされた。なぜか大塚は事件の真相を究明したくなり、熊本の担当弁護士から資料を取り寄せた。一方、桐子は東京に移り住み、バーのホステスとなっていた。そこで彼女は客として来店した阿部と再会し、大塚が事件の核心を握ったらしいと聞かされ、大塚への復讐を決意する。数日後、桐子は同僚のホステス・信子（市原悦子）から恋人である健一（川津祐介）の監視を頼まれ、尾行の途中で健一の殺害現場に出くわす。そこに居合わせたのは、健一が働くレストランの経営者で、大塚の愛人である径子（新珠三千代）だった。桐子は、径子が落とした手袋を健一の死体の側に置き、逆に真犯人が落としていったと思われるライターを持ち去った。彼女の思惑通り径子は殺人犯として逮捕され、径子との関係が露呈した大塚の社会的地位も危機に陥った。現場には行っておらず径子とも会っていないと主張する桐子に、大塚は偽証を止めてライターも提出するよう懇願するが……。

当初、この原作は東宝で映画化される予定で、橋本忍が脚本を執筆した。だが、それを読んだ山田洋次が城戸四郎を説得し、松竹で映画化することが決まった。理想的な主演女優と監督を得たことで、本作は原作の魅力をさらに増加させた映画となったのだ。

「下町の太陽」の復讐

松竹歌劇団から松竹に入社し1961年に女優デビューした倍賞千恵子が、デビュー3年目に主演した『下町の太陽』（1963）は、貧しいながらも明るく朗らかに生きるヒロインの姿が倍賞の持つ個性とピッタリ合致して大評判となり、自身が歌った主題歌が大ヒットしたこともあり、「下町の太陽」という言葉は倍賞の代名詞となった。さらに、後に彼女のもう一つの代名詞となる、『男はつらいよ』シリーズの「さくら」のキャラクター造形にも少なからず影響を与えているように思われる。

当時はアイドル的人気を誇っていた倍賞に、陰鬱な桐子を演じさせる。本人としても会社としてもかなりの冒険だっただろう。だが、「『下町の太陽』の女優に復讐させる」という橋本の提案に山田が乗り、実現した。最初は垢抜けないルックスの桐子が、東京に出てきて復讐のために動くうちに、ほんのり妖艶さも漂うようになる。倍賞の演技力が遺憾なく発揮され、『下町の太陽』のイメージを良い意味で裏切り観客を驚かせた。橋本の目論見は見事に成功したようだ。倍賞にとっても、『家族』（1970）などの後の山田との〝シリアス路線〟の出発点になったのではないだろうか。

冒頭で触れたように、それまでの松竹清張映画の傾向を考えれば、若手の山田の起用は異例と言える。もちろん、橋本の脚本を松竹に持ち込んだ〝張本人〟であるから自身で監督を……という流れになるのは自然だ。また、『下町の太陽』の女優を使うなら監督も〝セット〟で……という「名コンビ感」を会社側が出そうとしたのかも知れない。

だが、山田にはそれら以上に、清張映画の監督にふさわしい理由があった。彼は本作以前に助監督として『張込み』と『ゼロの焦点』の製作現場に参加し、『ゼロの焦点』では脚本を橋本忍と共同で執筆している。それまでの松竹清張映画の監督の中では、野村を除けば最も清張作品に造詣が深いと言えるだろう。

もちろんそれには、師匠の野村の存在が大きく影響しているだろうし、山田もそのことをきちんと意識していたようだ。主人公が列車を乗り継いで九州から東京へと向かう様子をバックにしたオープニングのタイトルは、（ルートを逆にした）『張込み』へのオマージュかも知れない（わずか7年の間に、夜行列車を主に牽引するのが蒸気機関車から電気機関車に変わっている点が興味深い）。個人的には、我が地元・熊本でロケ撮影が行われたのが実に嬉しいが、本作の5年前に天守閣が再建されたばかりの熊本城など観光名所をこれ見よがしに登場させる演出を避けているのも、野村の清張映画での手法に則ったものであろう（もっとも山田は、後に『男はつらいよ』シリーズでそのような演出をたっぷりやることになるが）。また、本作の前年に野村が監督した『五瓣の椿』も意識していた可能性はある。山本周五郎原作の時代劇で、岩下志麻扮するヒロインの壮絶な復讐を描いた作品だ。

大船調の後継者である山田が、そのキャリアの初期において時折見せていたダークな部分。本作はその好例であり、山田作品を語る上でも重要な位置を占めている。

清張映画の発展形

本作のストーリーは、清張作品に見られるいくつかのパターンを巧みに組み合わせた上で微妙に捻ったものになっている。

前半の桐子の行動は「身近な人間が事件に巻き込まれて命を落とし、主人公が事件の真相を究明しようとする」という「素人探偵もの」に近いが、本作で探偵の役目を担うのが（桐子にとっては）敵役である大塚であるところが面白い。後半は一転、桐子は殺人現場の遺留品を操作したり偽証したりすることで、トリッキーに径子を殺人犯に仕立て上げていく。殺人こそ犯さないものの、犯罪者が主人公となって犯行の様子や自身の心理を描いた『顔』などのパターンを思わせる。また、無実の罪で殺人犯にされ桐子に偽証を止めるように懇願する径子の姿は、『あるサラリーマンの証言』の杉山をダイレクトに連想させる。

もちろん、これらが効果的に組み合わさった上で桐子の壮絶な復讐物語を彩っているので、題材の使いまわし的なマイナスの印象はまったく感じない。大塚への復讐を誓った桐子にとって、健一の殺害現場に径子がいたことは、まさに〝与えられた〟千載一遇のチャンス。それを逃さず冷静に復讐を進めていく桐子は、ある種の被害者であるがゆえに根っからの悪女というわけでもないが、観客が無条件に感情移入できるような「正義の行ない」をやっているわけでもない。単純に善悪の区別ができないキャラはそれまでの清張作品でも時折見られたが、ここまで徹底しているケースは珍しい。

ここで、ネタバレになるが、結末について触れさせていただく。

桐子の復讐は成功するが、それによって誰一人（正夫も含めて）喜ばないし、幸せにならない。それは桐子自身も分かっていた筈である。ラストシーンの彼女の虚ろな表情が、そのことを物語っている。健一殺しの現場で何もしなければ、真犯人を逮捕させることができ、それが結果的に正夫の無実を証明することになったかも知れない。にもかかわらず大塚への復讐の方を選んだのは、とにかく復讐したいという暴走状態に陥っていたからだろう。そこには、正夫のためという目的はすでに無くなっている。原作発表時、評論家の川本三郎は桐子の復讐の動機を、東京との格差が広がりつつあった地方に在住する人間の東京に対する恨み（と強い憧れ）だと指摘している。映画化である本作も恐らくそういう解釈だったのではないだろうか。物語の発端部分の舞台は、原作では「北九州のK市」となっている。もしかすると、清張が育った小倉市（現在の北九州市。原作発表当時は合併前だった）だったのかも知れない。それを映画化に際して更に中央から遠く都市としての規模も小さい熊本市に変更したのは、川本の指摘した点を更に強く印象づけるためだったのではないだろうか。

いずれにせよ、それまでの清張映画には見られないタイプのヒロインを人気の若手女優が熱演したことで、本作は清張映画の新たな展開を予感させるものになった。

謎の空白期間の始まり

本作のキャストも、それまでの清張映画とは若干異質の顔ぶれになっている。常連組では滝沢修が影の主役、新珠三千代はいささか損な役回りで清張も少々複雑な心境だったのではないだろうか。後にテレビの人気刑事ドラマ『太陽にほえろ!』（1972〜86）の「山さん」こと山村警部補役でお茶の間の人気を得る露口茂が、本作では無実の罪で追及される正夫役。阿部役の近藤洋介も『事件記者』のレギュラー出身で、後にはテレビの時代劇や洋画の吹き替えなどでもおなじみになる。健一役の川津祐介は青春スターとして松竹で売り出したが、昭和30年代末にフリーになってからは硬軟善悪を巧みに演じ分けて芸域を広げた。信子に扮した市原悦子はテレビの『家政婦は見た!』でもおなじみ。『男はつらいよ』の「おばちゃん」こと三崎千恵子や『家族』などで倍賞の夫役を演じることになる井川比佐志ら、山田と倍賞のコンビ作品でおなじみになる俳優たちが端役で出演している。

こうして完成した本作は高い評価を得たが、それまでコンスタントに清張映画を製作し続けブームの牽引役となっていた松竹は、その後5年間にわたって清張映画を製作しなかった。理由は分からない。時期的には、日本映画の斜陽化が急速に進み、邦画各社がこぞって低予算もしくは刺激の強いエログロ映画を量産する体制へと移行していた頃である。そのような状況下で清張映画を製作するのは難しかったのだろうか。少なくとも、清張映画の〝老舗〟である松竹にとっては、中途半端な体制で質の低い清張映画を製作することは不本意だったのかも知れない。

そういう意味では、本作は「第1期清張映画ブーム」のテイストを遺した最後の作品だったと言えそうだ。

白黒　シネマスコープ　111分　［公開日］1965年5月28日　［製作］松竹大船撮影所　［配給］松竹
［監督］山田洋次　［製作］脇田茂　［脚本］橋本忍　［撮影］高羽哲夫　［美術］梅田千代夫　［音楽］林光
［出演］倍賞千恵子、滝沢修、露口茂、新珠三千代、川津祐介、近藤洋介、逢初夢子、田武謙三、内藤武敏、清村耕次、金子信雄、市原悦子、桑山正一、河原崎次郎、阿部寿美子、穂積隆信、三崎千恵子、井川比佐志
［DVD］松竹

けものみち

1965年　東宝

「わるいやつら」だらけのダークなサスペンス

前項で述べたように、昭和40年代に入ると日本映画の斜陽化が急速に進んだ。テレビの爆発的な普及がその大きな原因と考えられたため、各映画会社は大別して2種類の「テレビでは放送できないような作品」を製作して対抗した。大画面の迫力を活かした大スケールの超大作と、子供たちに見せられないようなエログロ満載の作品である。特に後者は、内容の刺激が強ければ有名俳優を使ったりする必要もないので予算を切り詰めて製作できることから、次第に当時の邦画の主流になっていった。明朗健全な作品を主としていた東宝ですら、（他社と比べると控えめではあるものの）そのような作品が増えていった。作品全体がそうでなくても、ところどころに刺激の強い描写を挟んだ作品が目立つようになっていったのだ。そんな時期に発表された清張の原作をすぐに映画化した本作は、あくまでも政財界の深い闇をテーマにした社会派サスペンスではあるものの、以上のような当時の状況を反映したのか、それまでの東宝映画らしからぬ、エロティックでショッキングなシーンが多い作品となった。

成沢民子（池内淳子）は、中風で寝たきりの夫・寛次（森塚敏）を、割烹旅館で女中として働きながら養っていた。だが、寛次は感謝するどころか、何かにつけて民子を虐待していた。ある日、民子は客として訪れたホテル支配人の小滝（池部良）に唆《そそのか》され、失火による事故死に見せかけて寛次を殺害した。自由になった民子は、小滝から弁護士の秦野（伊藤雄之助）に引き合わされ、さらに秦野の紹介で政財界の黒幕である鬼頭（小沢栄太郎）の〝身の回りの世話〟をすることになる。中風で身体の不自由な鬼頭の愛人になった民子は鬼頭の寵愛を受け、贅沢で奔放な生活を送るようになる。そんな民子に、鬼頭家の女中頭・米子（大塚道子）は冷たく接し、常に民子を監視していた。だが、民子は鬼頭の黙認もあり、心惹かれていた小滝とも関係を結ぶようになる。一方、警視庁捜査一課の久恒刑事（小林桂樹）は寛次の焼死事件に疑念を抱き、独自に捜査を進める。彼は民子が怪しいと睨むが彼女のアリバイは崩れず、それどころか次第に民子に対して邪《よこしま》な欲望を抱くようになっていった。そんな時、小滝のホテルで殺人事件が発生、その捜査も担当することになった久恒は、その事件が高速道路公団総裁の人事をめぐって仕組まれたものであり、裏で鬼頭が糸を引いていると推理する。そして鬼頭・秦野・小滝の過去を洗い出し、彼らがつながっていることを突き止める。だが、事件の裏を知り過ぎた久恒は、強引に関係を迫った民子の差し金もあり、警察上層部によって辞職に追い込まれる……。

「政財界の黒幕が陰で重大な事件を起こす」という設定は、今やコミックなどでも多用されるほど一般的なものになっている。しかし『けものみち』は、それを物語の展開に都合のいい道具として利用するのではなく、それ自体をテーマにしている点で、実は非常にレアな存在だとされている。その映画化である本作も、重厚なキャストが繰り広げる政財界の陰謀譚がベースになっている点では東宝向きと言えるだろう。だが、そこに縦糸として紡がれている民子のドラマは、その生々しい描写も含めて「東宝映画が変わりつつある」という印象を観客たちに与えたに違いない。もちろん、本作が先述のような当時の邦画界の風潮に便乗した作品であるというわけではない。単に、原作が発表されてから映画化に至るまでのタイミングの問題である。ただ、そういう傾向があったからこそ、本作で「東宝らしからぬ」シーンの数々を盛り込むという〝冒険〟をしやすかったのだろう。

本作の最も特筆すべき点は、主な登場人物がすべて悪事に手を染めるという点である。当時としてはまだまだ珍しい、特に東宝の作品ではまずあり得ない展開だった。ヒロインの民子ですら、苦労が多い人生を歩んできたとは言え、一度悪事に走ったらタガが外れたかのようにしたたかになり、感情移入しにくいキャラかも知れない。そんな登場人物たちのほとんどが凄惨な運命をたどるクライマックスの展開は、清張作品の中でも屈指の「突き放し感」の強さだろう。

このストーリーと雰囲気（そしてエロティックな描写）なら、増村保造の監督、若尾文子と田宮二郎の主演で大映が映画化……という方がしっくり来たかも知れない（考えてみれば、増村は清張作品の監督に似合いそうだったが、一本も手がけていない）。しかし、そのようないかにもありそうな作品ではないからこそ、先の展開が読めず片時も画面から目が離せない作品になったのかも知れない。そして、政界を中心にしたスケールの大きい犯罪劇を正面切って重厚に描いている点では、やはり東宝らしい作品と言えるだろう。

「悪党映画」の名手たち

もちろん、それまでの東宝映画の中にも、血も涙もない〝悪人〟が主人公の作品はあった。その代表格が、大藪春彦の人気小説を初めて映画化した『野獣死すべし』（1959）だろう。主人公・伊達邦彦（仲代達矢）の完全犯罪が成功してしまう結末は当時としては衝撃的であり、映倫が修正を要求したほどだった。しかし、当時の日本映画では稀だった、洗練されたハードボイルド映画として、現在でも根強いファンが多い。

その『野獣死すべし』を監督昇進2作目として手がけたのが、本作の監督である須川栄三である。再び大藪作品を映画化した『みな殺しの歌より 拳銃よさらば！』（1960）、いわゆる「東宝ニューアクション」の中でも屈指の傑作と言われる『野獣狩り』（1973）、原作の続編を映画化した『野獣死すべし 復讐のメカニック』（1974）などアクション映画の傑作を数多く生み出した。一方で本作以前は、石坂洋次郎の『山のかなたに』（1960）、石原慎太郎の『愛と炎と』（1961）、石川達三の『僕たちの失敗』（1962）、井上靖の『太陽は呼んでいる』（1963）などの文学作品の映画化、和製ミュージカルの数少ない成功作の一本『君も出世ができる』（1964）など、様々なジャンルの作品を撮った。

また、本作の後では、植木等主演の『日本一』シリーズの中でも特にブラックユーモアとピカレスクロマンの要素が強い『日本一の裏切り男』（1968）と『日本一の断絶男』（1969）を受け持った。

『野獣死すべし』と本作の脚本を手がけたのが白坂依志夫《よしお》。名脚本家・八住利雄の息子で、『東京オリンピック』（1965）や『白昼の襲撃』（1970）など数多くの名作に参加したが、増村保造の監督作は『巨人と玩具』（1958）、『好色一代男』（1961）、『黒の超特急』（1964）、『盲獣』、『動脈列島』（1975）、『大地の子守歌』（1976）など主要作品の大半を担当。先ほど触れた本作の「増村臭」の出どころは白坂かも知れない。

単に、数多いコンビ作の中の一部に過ぎないのだが、『野獣死すべし』からの須川と白坂の「悪党映画つながり」が凄味に満ちた本作へと結実したようだ。

清張映画の流れが変わった

民子を熱演した池内淳子は、日本橋三越の呉服売り場に勤めた後、新東宝に入社して女優デビュー。恋愛ものから『花嫁吸血魔』（1960）など同社お得意のゲテモノ系映画にまで出演したが、同社の倒産のため東京映画に移籍、『社長』・『駅前』両シリーズなどの喜劇を含め多くの作品に出演。一方で、テレビの「よろめき（不倫）ドラマ」にも数多く出演して人気を博す（本作もこの辺りの作品のイメージの延長線上にあるのかも）。和服が似合う美女ということで、様々な役柄をこなして活躍した。

脇を固める二人は、いずれも『黒い画集』シリーズでひどい目に遭った男たち。池部良は終始（民

子との情事の時ですら）冷静で腹の内の読めない小滝をクールに演じているが、それだけにラストの狂気を孕んだ高笑いのインパクトは強烈である。小林桂樹はいよいよ「優等生サラリーマン」の呪縛から逃れた様子で、事件の真相を必死に追究しようとしつつ（この辺りにはかつての定番キャラの残り香が感じられる）、そこで入手した情報や証拠をネタに民子を脅迫して関係を迫ろうとする悪徳刑事を演じている。

政界のフィクサー・小沢栄太郎や見るからに怪しげな弁護士・伊藤雄之助らの「いかにも」な怪演は、観ていて何となく楽しくなってくる。鬼頭の配下で悪事の実行を一手に引き受ける黒谷役の黒部進は、本作の翌年に始まった特撮テレビ『ウルトラマン』（1966～67）でウルトラマンに変身する科学特捜隊のハヤタ隊員役で一躍有名になったが、映画では大半が悪役。本作は彼にとって、悪役の中ではクレジット・タイトルでの名前の出方が最も大きい役だった。

清張作品では男女の情交が大きな比重を占めるケースが多いが、本作以前の映画化ではその類のシーンは割りと控えめに描かれていた。清張映画の〝老舗〟である松竹ですら、である（大船調が依然として主流を占めていた「松竹だからこそ」とも言える）。だが、濃厚なベッドシーンやヒロインのヌード（もちろん、後年のポルノ映画などに比べたらまだまだ控えめではあるし、池内本人のヌードであるかも疑わしいが）が続出する本作が、その流れを変えたようだ。時代的なものもあるのだろう。本作以後、松竹作品ですら清張映画のラブシーンは一気に濃厚になっていくのである。ただ、その先鞭をつけたのが「明るく楽しい東宝映画」である本作だったのは、実に意外だった。

白黒　東宝スコープ　140分　［公開日］1965年9月5日　［製作・配給］東宝　［監督］須川栄三
［製作］藤本真澄、金子正且　［脚本］白坂依志夫、須川栄三　［撮影］福沢康道　［美術］村木与四郎　［音楽］武満徹
［出演］池内淳子、池部良、小林桂樹、小沢栄太郎、伊藤雄之助、大塚道子、黒部進、千田是也、森塚敏、竜岡晋、土屋嘉男、中丸忠雄、佐々木孝丸、松本染升、小松方正、清水元、稲葉義男、菅井きん、矢野宣、宮田芳子
［DVD］東宝

愛のきずな

1969年　東宝

清張映画の中で最も異色の存在と言えるのが本作だろう。63年に発表された短編『たづたづし』の映画化だが、加山雄三、ハナ肇とクレージーキャッツ、ザ・ピーナッツら人気タレントを多数抱え当時の芸能界で最も有力だった芸能人事務所・渡辺プロダクションが東宝と共同で製作したという背景があり、まるで歌謡曲のようなタイトル、同社の所属タレント（歌手とコメディアン）を主演に据えたキャスティング、そして作風など、それまでの清張映画には見られなかったものになっている。

旅行会社の総務課長代理・鈴木良平（藤田まこと）は、ある雨の夜に清楚な美女・雪子（園まり）と知り合った。彼の妻・早苗（原知佐子）は会社の専務（山茶花究）の娘で、常に父親の権威を振りかざす早苗との結婚生活に不満を抱いていた良平は雪子と急速に親しくなり、やがて相思相愛の仲に。自分には妻子があると良平に告白されても、雪子の想いは変わらなかった。だがある日、良平は雪子から、自分には服役中の暴力的な夫・健次（佐藤允《まこと》）がいて、まもなく出所してくると告白される。健次には良平との関係を話し、離婚すると言う雪子。しかし小心者の良平は、そんなことをすれば自分が健次から危害を加えられるのではないか、そして雪子との関係が明るみに出れば会社での出世の道も閉ざされるのではないかと恐れる。雪子の意志が固いと知った良平は彼女の殺害を決意、信州の片田舎の町に誘い出し、山林の中で首を絞める。慌ててその場を逃げ去った良平は、しばらくして会社に健次が乗り込んできた際も咄嗟の嘘で危機を回避した。ところが、事態は驚くべき展開を見せた。良平の会社のコマーシャル映画に雪子そっくりの女性が映っていたのだ。雪子は死んでいなかったのか？　愕然とした良平は現地に向かい、雪子が死んでいなかったこと、そして殺されかけた時のショックで過去の記憶を一切失っていることを知った。良平は雪子を言葉巧みに誘い出して東京に連れ帰り、真相を隠したまま再び恋仲となるが……。

原作は主人公の一人称で話が進み本名は出てこないが、本作では主人公の名前が設定されている。また、ヒロインの名前も原作から変更されている。何より、主人公たちの運命が原作とまったく異なる結末になっている。原作は深い余韻があって良いのだが、恐らくそのまま映画にするとかなり地味な終わり方になってしまうから変更されたのだろう。ただ、映画版の結末もこれはこれである意味清張らしいとも言えるだろう。原作も映画化もヒロインが謎に満ちた存在のまま終わるという点は共通している。

監督の坪島孝以下、クレージーキャッツ主演の映画の常連スタッフが揃っていることも、本作の毛色が変わっていると思わせる理由の一つかも知れない。だが坪島は非常に細かく作り込んだ映画作りに定評があり、コメディ以外にも『国際秘密警察　火薬の樽』（1964）などのアクション映画を撮ったりと、守備範囲は広い。さらに、日本の喜劇映画としては破格の超大作『クレージーメキシコ大作戦』（1968）の前半では、殺害された女性の死体が偶然の積み重ねであちこち移動したことによる騒動が延々と描かれるという、ヒッチコックの『ハリーの災難』（1955）を思わせる展開が見られる。本作でも、良平の強迫観念をトリッキーな表現で映像化した部分があるものの、総じて正攻法のミステリー演出を施している。これには、日活や東宝、そしてテレビでアクションやサスペンス映画の脚本を数多く手がけた小川英のシナリオの構成の上手さも功を奏しているのだろう（執筆は坪島と共同）。また、本作の物語自体も、セオドア・ドライサーの『アメリカの悲劇』と、エリザベス・テイラー主演によるその映画化作品『陽のあたる場所』（1951）を連想させるが、良平と雪子が湖でボートに乗って……という場面も、同作へのオマージュに思える。

　中尾ミエや伊東ゆかりと共に「スパーク三人娘」として売り出され、歌手として数々のヒット曲を出していた園まりは、本作当時は様々な仕事をこなして芸域を広げようとしていた。本作でも持ち前の美貌に加え、前半では清楚な和服姿、後半では派手めで若々しい洋服姿、キャラも正反対……と、まったく違う雰囲気で彼女の魅力を発揮していた（この辺りの演出も、やはりヒッチコックの『めまい』における、前半と後半で髪の毛の色が異なるが瓜二つのヒロインが登場するという展開へのオマージュかも知れない）。しかし、ある意味〝汚れ役〟である雪子を自社の人気タレントに演じさせるのは、渡辺プロとしてもかなりの冒険だったのではないだろうか。

　藤田まこと扮する「妻に頭が上がらないサラリーマン」という良平のキャラは、まさに彼が本作の

4年後から演じ始めるテレビの『必殺』シリーズ（1973〜）の中村主水のそれにそっくり。実は凄腕の殺し屋である主水に対して、良平は徹頭徹尾小心者の「普通の男」。当時はまだ、「テレビの『てなもんや三度笠』（1962〜68）に出演していた〝コメディアン〟」という認識が、世間でも藤田自身の中でも根強かった。そのイメージを逆手に取ったのが本作のキャスティング（『あるサラリーマンの証言』での小林桂樹と同様か）だったのだろうが、キャラ設定の類似ぶりだけでなく本格派俳優としてのステップとしても、藤田にとって本作は『必殺』への通過点だったのかも知れない。

二人以外の共演者は極めて「普通の東宝映画」ぽい顔ぶれ。『独立愚連隊』ものなどで不敵な面構えのアクション・スターとしてブレイクした佐藤允は、凶暴さの中にも雪子への一途な想いを漂わせる好演。良平を支配し虐げる早苗を演じた原知佐子は約10年ぶりの清張映画出演だが、前回の『あるサラリーマンの証言』とは正反対のポジションの役。

ラストシーンで園が歌う主題歌『ひとりにしないで』がバックに流れるのは、いかにも芸能プロが絡んだ映画という感じ（現在ならエンド・タイトルでフルコーラスが流れる）で清張映画では初めてだが、そこでの展開はなかなか深い。雪子はやはり良平を一途に愛していたのか、それとも近づく男たちを次々に不幸にする魔性の女なのか。主題歌の題名の意味すら深読みしてしまいたくなるほど、いろいろな解釈ができるラストである。

カラー　シネマスコープ　98分　［公開日］1969年2月15日　［製作］東宝＝渡辺プロ　［配給］東宝

［監督］坪島孝　［製作］渡辺晋、五明忠人　［脚本］小川英、坪島孝　［撮影］内海正治　［美術］育野重一
［音楽］広瀬健次郎
［出演］藤田まこと、園まり、佐藤允、原知佐子、山茶花究、小栗一也、上田吉二郎、左とん平、堺左千夫、松本染升、
千石規子、勝部義夫、大前亘、北浦昭義、川村真樹
［ＤＶＤ］東宝

コラム

清張映画を彩った女優たち

清張作品には男女の愛憎（特に不倫）を題材にしたものが多く、当然それらの映画化においても、そのような愛憎劇を盛り上げるために一流の女優たちが数多く出演した。かつては推理・サスペンス映画で女優がこれほどメインに扱われることは少なく、この流れは、少々違った形ではあるが70年代の市川崑による金田一耕助シリーズに受け継がれていったと言える。

ここでは、清張映画に複数回出演し印象的なヒロインを演じた女優について簡単にまとめてご紹介してみたいと思う。

岡田茉莉子

『顔』に主演した、記念すべき清張映画ヒロイン第1号。その後も『無宿人別帳』に『黒の奔流』と、50～70各年代に1本ずつ出演した。

戦前の二枚目俳優・岡田時彦と宝塚歌劇団出身の田鶴園子の間に生まれた。叔母の御幸市子も宝塚スターだったが、彼女の夫で東宝のプロデューサーだった山本紫朗のすすめで1951年に第3期東宝ニューフェイスとして同社の演技研究所に入所。その直後に成瀬巳喜男の『舞姫』の準主役に抜擢

されて銀幕デビュー（この時になって初めて、会社に自分の両親が誰かを明かしたという）。父と同じく谷崎潤一郎が芸名の名付け親になった。三船敏郎主演の『宮本武蔵』三部作（1954〜56）や成瀬の『浮雲』に出演し、一躍人気スターとなった。

『顔』出演後の57年9月に松竹と専属契約を結び、数々のメロドラマや小津安二郎の『秋日和』（1960）に出演。「映画出演100本記念作品」として自らプロデューサーも務めた『秋津温泉』（1962）がきっかけとなり、同作の監督を務めた吉田喜重と64年に結婚。その後、フリーになったことから吉田と共に「現代映画社」を設立し『エロス+虐殺』（1970）など同社の作品をはじめ、各社の映画に出演。並行して舞台出演も積極的に行なうようになった。現在も、舞台や映画に加え、テレビの2時間サスペンスなどに出演を続けている。

これは蛇足かつネタバレになるのだが、岡田が『顔』で演じたヒロインは、ファッション関係者であることなどいくつかの点で、後に彼女が演じる『人間の証明』（1977）の主人公と共通している。

叶順子

大映の清張映画のうち『共犯者』と『黒い樹海』の2本に出演、『黒』シリーズなど同社のサスペンス系映画の常連主演女優の一人だった。

スッポン料理店の店主の娘。「ミス資生堂」を経て、1956年に第10期大映ニューフェイスとして入社。同期入社したのが、やはり『黒』シリーズなどに多数主演した田宮二郎だった。翌57年に女優デビュー、『細雪』（1959）、『鍵』（1959）、『女の勲章』（1961）、『黒蜥蜴』、そして70ミリ超大作『釈迦』（1961）と『秦・始皇帝』など様々なジャンルの作品に出演。目鼻立ちのくっきりとした美貌とスタイルの良さで、同社を代表する人気女優になった。

『共犯者』のような清楚なお嬢様から芯の強い女性、さらには『痴人の愛』（1960）のヒロイン・ナオミのようなセクシー系の役まで幅広くこなし、美貌だけに頼らないプロ根性を見せていた。だが、1963年に「健康上の理由」から27歳で芸能界を引退してしまった。

新珠三千代

先述のように清張が大ファンだった正統派美人女優で、清張の期待に応え（?）『黒い画集 第二話 寒流』、『風の視線』、『霧の旗』の3本に出演した。

1946年に初舞台を踏んだ宝塚歌劇団33期生。娘役のトップスターとして活躍したが、55年に宝塚を退団し日活に入社して映画スターとしての道を歩み始める。川島雄三の『洲崎パラダイス赤信号』（1956）などに出演した後、57年に東宝に移籍。その後は亡くなるまで東宝芸能所属だったが松竹の清張映画をはじめ他社の作品にも多数出演した。小林正樹の『人間の條件』全六部、市川崑の『炎上』、小津安二郎の『小《こ》早川《はやがわ》家の秋』（1961）、成瀬巳喜男の『女の中にいる他人』（1966）などの巨匠たちの作品に出演したが、特に岡本喜八作品には監督デビュー作『結婚のすべて』（1958）をはじめ『江分利満氏の優雅な生活』（1963）や『日本のいちばん長い日』など60年代までの作品に

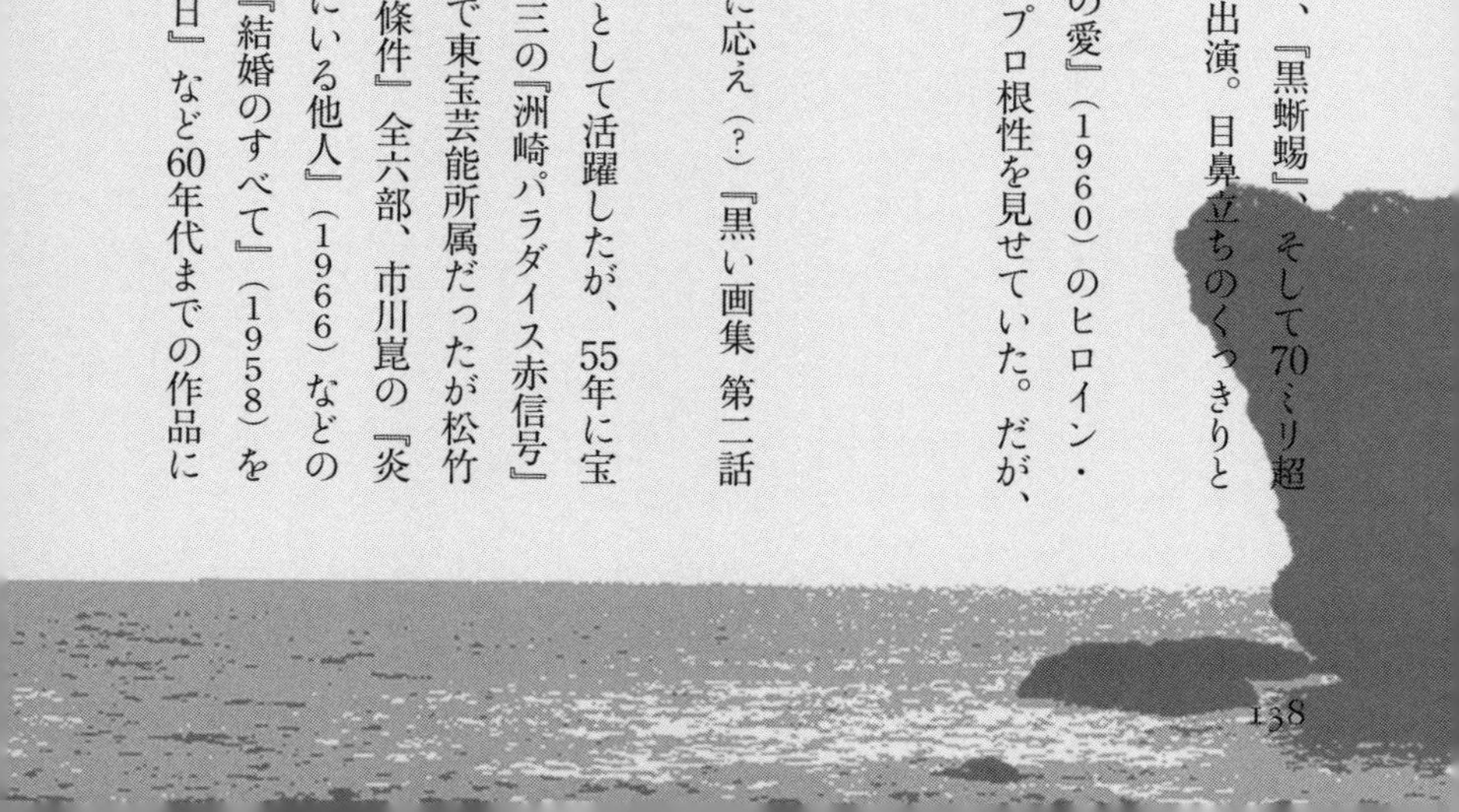

多数出演している。他に『私は貝になりたい』、『男はつらいよ　フーテンの寅』（1970）、正続『人間革命』（1973、76）、そして『社長』シリーズのレギュラーなど。また、テレビドラマでも『氷点』（1966）や『細うで繁盛記』（1970〜74）などの人気番組に主演した。

宝塚出身という洗練された雰囲気に加え、「和服が似合う美女」という一般的イメージもあり、知的な独身女性から良妻賢母、水商売の女や悪女と、幅広い役柄をこなし実力派として息の長い女優生活を送った。2001年没。

岩下志麻

『風の視線』、『影の車』、『内海の輪』、『鬼畜』、『疑惑』、『迷走地図』と、70年代以降の野村芳太郎作品を中心に6本の清張映画に出演。清張映画のヒロインとしては最多出演であり、まさに清張映画の看板女優と言える存在である。

父は俳優の野々村潔、母は元新劇女優の山岸美代子。NHKのテレビドラマ『バス通り裏』（1958）の端役で女優デビュー、その後松竹に入社し木下惠介の『笛吹川』（1960）で映画に初出演するが、製作の遅れからその後に出演した『乾いた湖』（1960）の方が先に公開され、こちらが「映画デビュー作」になる。ちなみに同作の監督は、後に66年に岩下と結婚することになる篠田正浩である。

小津安二郎の遺作『秋刀魚の味』（1962）をはじめ、中村登の『古都』（1963）や『紀ノ川』、野村の『五瓣の椿』、山田洋次の『馬鹿が戦車でやって来る』（1964）などに出演、60年代以降の松竹の看板女優となる。一方で、篠田が設立した映画製作プロダクション「表現社」を中心に夫の監督作品のほとんどに出演、『心中天網島』（1969）や『沈黙 SILENCE』（1971）などを生み出したが、中でも『はなれ瞽女《ごぜ》おりん』（1977）は岩下に日本アカデミー賞最優秀主演女優賞など数多くの映画賞をもたらした。デビュー直後は清楚で控えめな女性の役が多かったが、次第に激しさを持つ女性が当たり役となり、その延長線上で主演した『極道の妻《おんな》たち』（1986）が大ヒット。当初は複数の大物女優のローテーションでシリーズを進める構想だったが、岩下があまりにもはまり役だったため途中から予定が変更され、結局岩下が8作品に主演、彼女の近年での代名詞的シリーズになった。清張映画での役柄も、そのような彼女自身の役柄の変化がダイレクトに反映していったような感がある。『迷走地図』の寺西夫人は、まさに『極妻』への通過点的な役だったと言えるだろう。

島田陽子

70年代中期の『砂の器』と『球形の荒野』に出演、そのクールな美貌からテレビの清張作品や他の作家のミステリーにも多数出演した。

中学生の時に劇団若草に入団、テレビドラマ版『おさな妻』（1970〜71）の端役でテレビデビュー。翌年には第1作『仮面ライダー』の初期に初のレギュラー出演（ちなみに、同作の第1話で藤岡弘［当時］扮する主人公・本郷猛を仮面ライダーに改造した科学者を演じたのが、岩下の父の野々村潔）するが、同年秋から始まった『続・氷点』（1971〜72）の陽子役で一気に知名度がアップ。その後も『われら青春！』（1974）

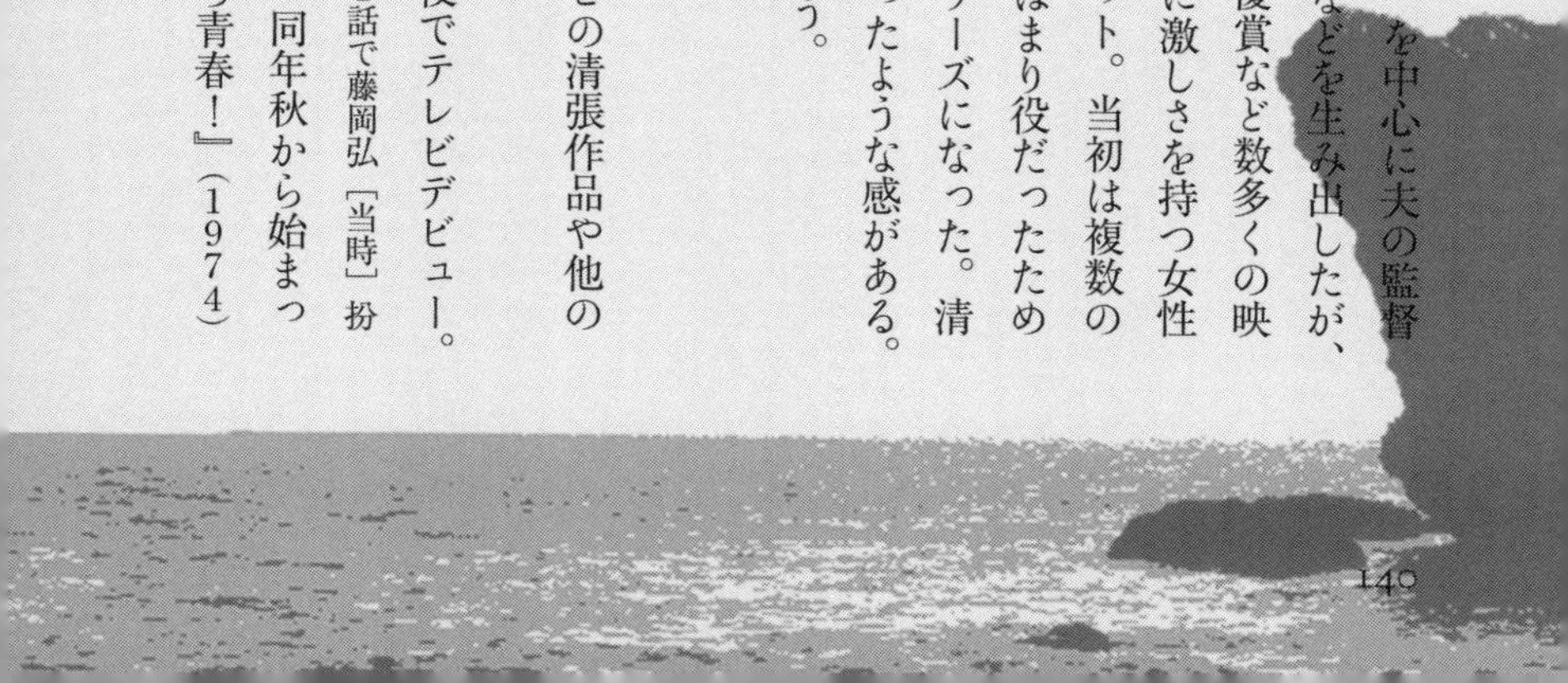

や『白い巨塔』（1978～79）などの人気ドラマに出演。映画でも『初めての愛』（1972）で初主演を飾り、その波に乗っての『砂の器』への出演だった。また、『犬神家の一族』（1976）をはじめ、『黄金の犬』（1979）や『白昼の死角』（1979）など、70年代後半のミステリー映画に引っ張りだこだった。

さらに、アメリカのテレビのミニシリーズ『将軍 SHOGUN』（1980）のヒロインに抜擢されたことで、海外でも人気が沸騰した。その後、テレビ版『球形の荒野』（1981）でも映画版と同じ久美子役を演じるが、同作は「2時間サスペンス」ブームの火付け役かつ代名詞となった『火曜サスペンス劇場』（1981～2005）の第1回放送作品だった。その後は、プライベートで様々なトラブルがあったものの、現在も女優としての活動を続けている。

第三章 1970年代

影の車

1970年　松竹

1960年代後半になって製作が途絶えた清張映画だが、まもなく70年代になろうという頃になって復活、70年代に入ると共に〝老舗〟の松竹も製作を再開した。その後十数年間にわたって松竹はコンスタントに清張映画をリリースし続けることになり、それらの中には傑作として今日まで語り継がれている作品も多い。まさに質・量共に充実していたわけだ。その皮切りになった本作も、監督を清張映画の第一人者・野村芳太郎が約9年ぶりに担当、メインスタッフもいわゆる「野村組」の名手たちが集結した。だが、前章で述べたような日本映画界の変質の影響を受けたのか、そのタッチはそれまでと大きく変わっていた。

旅行代理店に勤める浜島幸雄（加藤剛）は、郊外の団地で妻の啓子（小川真由美）と暮らしていた。幸雄は平凡で真面目な男だが、自宅でフラワー教室を営む啓子は陽気で社交的。単調で味気ない毎日を送る幸雄は、毎日多忙で友達付き合いを優先する啓子との生活に虚しさを感じていた。ある日幸雄は、勤め帰りのバスの中で幼馴染の泰子（岩下志麻）と偶然に再会する。軽いときめきを覚えた幸雄

は、再び泰子に会った時に、誘われるままに自宅への途中にある泰子の家を訪れた。泰子は夫に先立たれ、保険の外交員をしながら6歳の息子・健一（岡本久人）を女手一つで育てていた。泰子に心の安らぎを感じるようになった幸雄は泰子の家に足繁く通うようになり、泰子も幸雄を心から頼るようになったが、無口な健一はなかなか幸雄に懐かなかった。やがて幸雄は泰子と結ばれ、健一も手なずけようと必死に努力するが、なかなか上手くいかない。実は幸雄も幼い頃に父を亡くし、母（岩崎加根子）と親しくなっていった伯父（滝田裕介）に心を開かなかったという経験があった。そのような自分の過去の記憶があるために、健一との間の心の溝はなかなか埋まらなかった。一方、泰子はどんどん幸雄にのめり込んでいき、幸雄も啓子と別れて泰子と結婚することを真剣に考えるようになった。そんな頃、健一と二人で泰子の帰りを待っていた幸雄が生命の危険にさらされるという目に遭うことが相次ぐようになった。幸雄は、健一が自分を殺そうとしているのではないかという考えにとり憑かれるようになる……。

連作短編集『影の車』の中の一編『潜在光景』の映画化。発表から10年近く経っているため、幸雄たちを団地住まいにしたりと高度経済成長期だった当時に設定をアップデート。そして、本項の冒頭で触れた「タッチの変化」の顕著な例として、幸雄と泰子のベッドシーンが、それまでの松竹清張映画と比べるとかなり濃厚になっている。

本作で最も印象的なのは、幸雄の幼少期の回想シーンの映像に施された独特の加工である。ありきたりな回想シーンにしたくないという野村の注文により、撮影の川又昂と光学技術担当の石川智弘が開発した「多層分解」という技術が使われた。詳しい技術的な説明は長くなるし難解なのでここでは省くが、実験期間に１００日間、作業用ポジ・フィルムを６０００ｍ、そして当初の9倍の予算費用をかけたという。その結果が、独特の色合いと線などが浮き出るような不思議な画面となったわけである。その一方で、主人公たちの日常生活はリアルに描かれている。幸雄の勤務先や通勤の途中のシーンはほとんどロケ撮影。泰子の家の外観は横浜の長津田にあった個人の住宅を8カ月間借り、内部は大船撮影所の中に実際に家を建てた上でライフラインを引き、テレビ番組を見るシーンは実際の放送に合わせて撮影を行なったという。『張込み』以来の野村のこだわりと粘りである。

清張映画初登板の加藤剛は、（『寒流』の池部良と同様）「毎日の生活に疲れ、妻の尻に敷かれているサラリーマン」の役をやるにはちょっと二枚目過ぎるかもと思った（まずは妻の友達の団地妻たちが放っておかないのでは？ と思ってしまう）が、自分の過去のトラウマに苦しんだり、それが元で健一の〝殺意〟に怯える後半の取り乱しぶりは、彼のキャリアの中ではあまり見られない類の演技だろう。

岩下志麻は7年ぶりの清張映画出演だが、野村の作品は初めて。控えめな中に激しさを秘めた泰子は、まさに当時の岩下にうってつけの役。本作以後、登板が一気に増え、松竹映画だけでなく清張映画の看板にも

海外版『影の車』（DVD）

なっていく。小川真由美も「いかにも」な役だが、彼女が「日本一の家政婦女優」野村昭子らとお喋りに夢中になっている部屋からは、幸雄でなくても逃げ出したくなるだろう。

野村の清張映画に対する情熱とこだわりが功を奏して、本作は久々にキネマ旬報のベストテン入りを果たした（7位）。そのように清張映画としての基礎の強固さは相変わらずだが、その作風は着実に変わっていた。本作以降、この変化は他の監督作品も含めて清張映画全体に拡大し、一気に加速するのである。

カラー　シネマスコープ　98分　［公開日］1970年6月6日　［製作］松竹大船撮影所　［配給］松竹
［監督］野村芳太郎　［製作］三嶋与四治　［脚本］橋本忍　［撮影］川又昂　［美術］重田重盛　［音楽］芥川也寸志
［出演］加藤剛、岩下志麻、小川真由美、岩崎加根子、滝田裕介、近藤洋介、永井智雄、芦田伸介、稲葉義男、浜田寅彦、早野寿郎、野村昭子、川口敦子、谷よしの、岡本久人
［DVD］松竹

内海の輪

1971年　松竹

70年代に入って再開した松竹の清張映画は、以前のように毎回監督を変え、年1本のペースで製作されるようになった。その2本目は、当時の日本映画では屈指の映像美を誇る監督の作品だった。

四国・松山の老舗の呉服店の当主・慶太郎（三國連太郎）の妻・美奈子（岩下志麻）には秘密があった。彼女は3カ月に一度、商用のために上京しているが、その際に大学で考古学を専攻している江村宗三（中尾彬）と密会しているのだ。宗三の妻の父（滝沢修）は考古学の権威で次期学長の最有力候補であるため、宗三も助教授の座を約束されていた。5年前、美奈子は宗三の兄・寿夫（入川保則）の妻だったが、寿夫は水商売の女と共に駆け落ち同然に新潟へと去ってしまった。宗三に付き添われて寿夫に会いに行った美奈子は寿夫に別れを告げると、帰途に立ち寄った水上温泉で宗三と結ばれた。その3年後に偶然再会して以来、慶太郎が男性機能を失っていることもあり、二人は不倫関係を続けていたのだった。やがて、宗三が出張で瀬戸内に来ることになり、美奈子は慶太郎に嘘をついて宗三と落ち合い、二人は瀬戸内海各地で濃厚な数日間を過ごした。その間に、二人の姿を目撃した西田家の女中・政代（富永美沙子）はその事実を慶太郎に告げるが、慶太郎は思うところがあるのか取り合わなかった。一方、二人は伊丹空港で共通の知人である新聞記者の長谷（夏八木勲）に偶然会ってしまう。それがきっかけになり、二人は次第にエゴをむき出しにし始める。二人は旅の最後に蓬莱峡を訪れたが、輝ける将来を棒に振りたくない宗三は美奈子との別れを決意する。それに対して美奈子は衝撃の告白をする……。

今回の監督は斎藤耕一。1949年、東映にスチール写真のカメラマンとして入社したのが映画界でのキャリアの始まり。その後日活に引き抜かれ、デビュー当時の石原裕次郎と親しくなる。石原の最初の写真集を撮影したのも、最後の映画出演作『凍河』（1976）を監督したのも斎藤である。67年に自身のプロダクションを設立して映画監督デビュー。68年に松竹と専属契約を結び、歌謡曲を元にしたプログラム・ピクチャーを数多く手がけた。そんな中で監督した本作は、瀬戸内海各地の美しい風景を随所に取り入れたり、主役二人を横顔など印象的な構図で映したりと、カメラマン出身らしいフォトジェニックな画面が効果を上げる作品に仕上がった。本作の後に撮った『約束』（1972）が高く評価され、続く『旅の重さ』（1972）、そしてキネマ旬報ベストワンに輝いた『津軽じょんがら節』（1973）、勝新太郎と高倉健の唯一の共演作『無宿』（1974）など、日本各地の風土を取り入れた傑作を数多く世に出した。

ラブシーンは『影の車』よりもさらに濃厚になり、主役二人が頻繁に展開する愛欲シーンだけでなく、慶太郎のちょっとマニアックなベッドシーンもあり、濃度も量も増えた形になった。ただ、ここでもやはり斎藤独特の映像感覚が発揮され、濃厚だが美しいラブシーンが満載された作品に仕上がった。

松竹の清張映画としては『風の視線』以来のW不倫ものになるが、同作では主人公たちが全員二股（三股もいる）をかけていて人間関係がかなりこんがらがっていたせいか、それぞれの描写は比較的淡泊に感じられた。今回は不倫に走っているのは主役二人だけなので、二人の禁断の恋がその結末までじっくり描かれる。その点でも〝濃い〟映画になっている印象はあるが、それを瀬戸内海はじめ各地の美しい風景が巧みに中和している。ミステリー的な要素を映画の冒頭と最後に集約して観客を二人のドラマに集中させている構成も見事だ。二人の恋が波乱の末に事件（＝ミステリー）へと変化していくプロセスをきちんと描くことで、劇的な緊張感を観客に与えることに成功しているからだ。

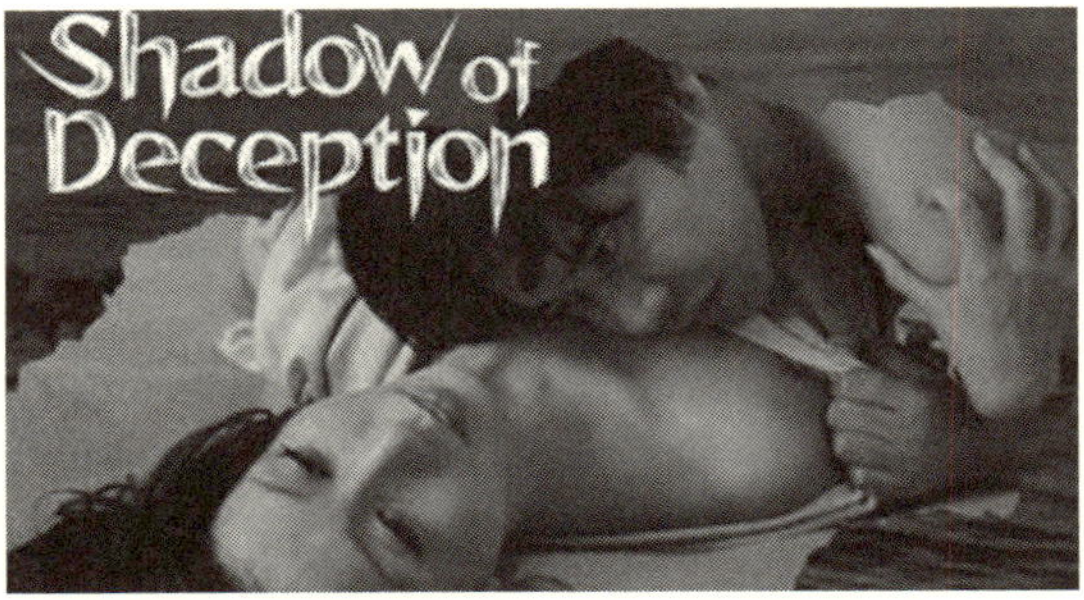

『内海の輪』の海外版ポスター

岩下志麻は、ますます〝激しい〟ヒロインへと役柄がシフトしていたことがよく分かる。

細面の二枚目青年俳優だった頃の中尾彬は、今の若い世代には驚きだろう。彼と同様に新劇出身の夏八木勲との共演シーンも見ものだ。三國連太郎の屈折した夫もかなり濃い。滝沢修や加藤嘉ら常連脇役をちょっとだけ登場させるという贅沢な使い方をしている点も、清張映画ファンには見逃せないだろう。『影なき声』では殺人の疑いをかけられた小心者の夫に扮していた高原駿雄が、今回はちょっと切れ者っぽい刑事の役で登場している。

美しい映像と濃厚なラブシーンが満載の「旅情サスペンス」。タッチは変わっても清張映画の本質をきちんと継承した、この当時ならではの作品だ。

カラー　シネマスコープ　103分　［公開日］1971年2月10日　［製作］松竹大船撮影所　［配給］松竹
［監督］斎藤耕一　［製作］三嶋与四治　［脚本］山田信夫、宮内婦貴子　［撮影］竹村博　［美術］芳野尹孝
［音楽］服部克久
［出演］岩下志麻、中尾彬、三國連太郎、滝沢修、富永美沙子、入川保則、水上竜子、加藤嘉、北城真記子、赤座美代子、夏八木勲、高木信夫、高原駿雄
［DVD］松竹

黒の奔流

1972年　松竹

それまでの清張映画でよく見られたパターンは「男女の愛憎が犯罪を生む」か「男女の愛憎の背景に犯罪が（薄く）存在する」というものだった。だが本作は、「ある事件をきっかけに男女の愛憎が生まれ、それが新たな犯罪を生む」という変化球だった。

野心家の弁護士・矢野（山﨑努）は、なかなか芽が出ず悶々と過ごす毎日の鬱憤を、助手の由基子（谷口香）との情事で晴らしていた。そんな時、彼は恩師でもある弁護士会会長・若宮（松村達雄）の仲介で、ある殺人事件の裁判の被告・貝塚藤江（岡田茉莉子）の国選弁護人を引き受けた。藤江は多摩川渓谷の旅館の女中で、客であるコンツェルンの御曹司・阿部（穂積隆信）を崖から突き落とした容疑で逮捕されたのだ。彼女の有罪を裏付けるような状況証拠が揃っていたため被告側に勝ち目は無いように思われた。だが矢野は鋭い洞察力で検察側の主張の矛盾を突き、さらに藤江の無実を証明するような証拠や証人が見つかり、藤江の無罪判決を勝ち取った。矢野の思惑通り、彼は一躍マスコミの寵児となると共に、若宮の信任と彼の娘・朋子（松坂慶子）の愛情も得る。一方、藤江は無罪にはなったも

のの旅館にいづらくなったため、矢野の事務所で働くことになった。藤江が抱いていた矢野への感謝の気持ちは愛情に変わっていた。その気持ちにつけ込んだ矢野は、藤江と体の関係を持つ。〝日陰の女〟でいいと思っていた藤江だったが、矢野がすっかり藤江にのめり込んでしまったことに嫉妬した由基子から、矢野が朋子と結婚することを知らされて気持ちが変わる。藤江が矢野を問い詰めると、矢野は冷酷な言葉で藤江を罵倒する。矢野を誰にも渡したくないという想いにとり憑かれた藤江は、あの事件の衝撃の真相を告白し、そのことを裁判所に訴え出ると逆に脅迫する。それは、矢野がせっかく摑みかけた栄光と幸福がすべて失われることを意味した……。

短編『種族同盟』が原作だが、名前が出てこない主人公の一人称で展開する原作を大きく改変、最初の殺人の被害者はバーのホステス、被告は旅館の番頭という設定もガラリと変わっている。被告を女性にすることで、主人公に強い愛情を抱かせるが、それが邪魔になった主人公は自分の保身のために……という、『愛のきずな』や『内海の輪』と同様の展開にしてある（特に主人公に関する改変の仕方など、『愛のきずな』との類似点が多い）。矢野の本意を知ってからの藤江の行動は、まさしく現在で言うところのストーカーである。年齢や「バカ」だという設定から、前半ではどうも岡田はミスキャストのように思えたが、この後半のストーカーぶりはなかなかお見事である。

本作のもう一つの特徴は、清張映画では初めて（前半部分だけだが）法廷ドラマになっていることだろう。しかも、主人公に相対する検事役が佐藤慶とくれば、法廷シーンの緊迫感がさらに盛り上がる。ここで主人公（とその部下たち）が探偵役として活躍するが、中盤で愛憎劇に一転、ところがそれがさらにミステリーのどんでん返しへと意外な展開を見せる……というのは、実に巧みな構成である。これもある意味、清張作品の特性を巧みにアレンジした改変であると言えるだろう。

監督の渡辺祐介は、1950年に新東宝に入社し、60年に助監督から昇進して監督デビュー。同社の倒産に伴い東映に入社して犯罪系映画などを手がけたが、特に『二匹の牝犬』（1964）や『悪女』（1964）など、小川真由美や緑魔子らの主演による悪女ものを多数手がける。67年以降は松竹でザ・ドリフターズ主演の一連のコメディのメイン監督を務めると共に、『喜劇　夜光族』（1971）などの風俗喜劇や東映の艶笑喜劇を数多く手がけた。この辺りの風俗映画のタッチが、濡れ場が多めの本作にも垣間見えている。晩年は武田鉄矢の『刑事物語』（1982）なども監督した。

黒澤明の『天国と地獄』（1963）の誘拐犯人役で一躍脚光を浴びた山﨑努は、本作の翌年のテレビ『必殺仕置人』（1973）での「念仏の鉄」役でさらに人気を獲得。清張映画は本作だけだが、テレビドラマでは何度も清張作品に主演している。また、野村の『八つ墓村』では村人を大量虐殺する役で強い印象を残した。

由基子役の谷口香は、文学座から分裂した劇団雲の看板女優を務めるかたわら、『砂の上の植物群』（1964）などの映画やテレビドラマにも数多く出演した。なお、当時は山﨑も劇団雲に所属していた。

朋子役の松坂慶子は、劇団ひまわりを経て大映で映画デビュー、『夜の診察室』で、降板した渥美マリの代役で映画初主演。青春スターとして売り出されようとした矢先に大映が倒産したため松竹に入社。本作は、清純派のスター女優としてブレイクしかけていた頃の作品である。清張映画には後に

『わるいやつら』にも出演した。

次第に過激な描写が増えていた清張映画は年1本のペースで製作されていたが、本作の後再び小休止する。それは、次の作品が時間をかけて製作されたためであろう。実はこれらの動きもまた、当時の日本映画界の傾向を反映したものであった。そしてその結果、あの名作が生まれることになるのである。

カラー　シネマスコープ　90分　［公開日］1972年9月9日　［製作］松竹大船撮影所　［配給］松竹
［監督］渡辺祐介　［製作］猪股尭　［脚本］国弘威雄、渡辺祐介　［撮影］小杉正雄　［美術］森田郷平　［音楽］渡辺宙明
［出演］山﨑努、岡田茉莉子、谷口香、松村達雄、松坂慶子、中村伸郎、中村俊一、穂積隆信、玉川伊佐男、佐藤慶、福田妙子、河村憲一郎、加島潤、岡本茉利、菅井きん、伊藤幸子、谷村昌彦、生井健夫、石山雄大、久保晶
［DVD］松竹

砂の器

1974年　松竹

清張映画の代表作

「松本清張原作の映画」と聞いて、多くの人が真っ先に思い浮かべるのが本作ではないだろうか。原作の完成度と知名度はもちろんだが、それに加えて本作自体も完成度が高く、しかも清張映画の中で「一般受け」する要素が最も多く詰まっていて、そのために幾度となくリバイバル公開されている。さらに、毎日映画コンクールをはじめ数多くの映画賞を受賞しており、質的な完成度も高い。このような理由から、本作を「清張映画の代表作」と呼んでも差し支えないだろう。

国鉄（現・JR）蒲田操車場で初老の男の扼殺《やくさつ》死体が発見されたが、被害者の身元が分からず捜査は難航した。数少ない手がかりは、殺害の数時間前に被害者が蒲田駅前のバーで若い男と酒を飲んでいたこと、被害者が強い東北訛りで喋っていたこと、そして二人の間での会話の中に頻繁に出てきた「カメダ」という言葉だけだった。警視庁のベテラン刑事・今西（丹波哲郎）と所轄である西蒲田署の若

手刑事・吉村（森田健作）は、東北の亀田姓の人物や秋田県にある亀田という土地など、関係がありそうな事柄を調べるためにあちこち飛びまわるが、やはり手がかりは摑めなかった。しばらくして、中央線の夜行列車の窓から一人の女が白い紙吹雪を散らしていた、という様子を描いた紀行文が新聞に掲載された。それを読んだ吉村は直感でその〝紙吹雪〟が例の事件に関係があると睨み、その女＝高木理恵子（島田陽子）の身元と職場を突き止める。だが、吉村が理恵子の勤める銀座のクラブに赴いてその事を尋ねると、彼女は席を外したまま行方をくらましてしまう。ますます困惑する今西と吉村。そんな二人が行く先々で偶然遭遇する一人の男がいた。現在の音楽界で最も注目を集めている若手音楽家・和賀英良（加藤剛）である。前大蔵大臣・田所（佐分利信）の娘・佐知子（山口果林）との結婚を目前に控えていた彼は、ピアノ協奏曲『宿命』の創作に没頭していた。そして、理恵子はその和賀の愛人だった。和賀の子供を身ごもった理恵子は出産することを切望したが、和賀は頑として拒絶した。所轄署の捜査本部が解散し警視庁の継続捜査も手詰まりになってきた頃、行方不明になっていた養父の捜索願を出していた三木彰吉（松山省二）が遺体の身元確認にやってきたことで、事態が急展開する。被害者は岡山県で雑貨商を営む元警官の三木謙一（緒形拳）。東北には縁もゆかりもなく、また人から怨みを買うようなこともないどころか、謹厳実直で誠実な人柄は誰からも愛されていた。東北とのつながりも殺害される理由も見当たらなかった。だが今西は、島根県の出雲地方で東北のものに似た訛りの方言があること、そしてその地方に「亀嵩《カメダケ》」という村があることを突き止めた。「カメダケ」は出雲訛りでは「カメダ」に聞こえる。しかも三木はその亀嵩で長年巡査を務めていた

のだ。今西と吉村はそれぞれ執念で地道な捜査を続け、重要な手がかりを発見する。いくつもの点が線によって結ばれていく。そしてその線の行き着く先にいたのは和賀だった。捜査が一気に進む中で、和賀の知られざる過去が明らかになっていく……。

前述の通り、昭和40年代に入った頃から日本映画は斜陽期を迎え、低予算のエログロ映画が多く作られるようになった。それが呼び水となったのか、低予算の作品でなくても、ヌードシーンの続出など表現がどんどん過激になっていった。清張映画ですら、そのような風潮の影響が少なからず出るようになっていた。だが、オイルショックを経た1973年辺りから、『人間革命』や『日本沈没』など、思い切って巨費を投じた超大作が製作されるようになり、それらがいずれも大ヒットを記録していた。これらにはベストセラーとなった小説の映画化という共通点があった。本作がその時流に乗った企画だったのかは不明だが、全国各地で長期間にわたる撮影を必要とする本作は、かかる予算や手間暇を考えると〝大作〟クラスの作品であることは間違いない。いずれにしても、本作が当時の大ヒット映画に共通する要素を持っていたのは確かである（もう一つ大きな共通点があるが、それには後で触れる）。それまでの松竹清張映画に次第に増えてきていたエロティックなシーンは控えめになっていて、全体的に格調高い雰囲気に満ちている。偶然の一致かも知れないが、当時の映画界の状況と同様の変化が、松竹清張映画にも訪れたのだ。

音楽とクライマックス

本作については、すでに様々な書籍などで何度も触れられているので、本書では私なりに要点のみに絞って（それでも長くなるが）述べてみたいと思う。

本作の大きな特徴の一つが、清張映画としては初めて、音楽が前面に出た作りになっていることだろう。『ピアノと管弦楽のための組曲「宿命」』は、まさに本作のテーマ曲であるが、この曲こそが本作全体の成功の一因になっていると言える。映画で使われる音楽は、映画の内容に沿ってエモーショナルに盛り上げる効果音楽と、ラジオから流れる曲など物語の中で実際に流れている設定のいわゆる「現実音楽」と呼ばれるものの2種類に大別される。画面の中で流れるか外で流れるかの違いである。だがこの『宿命』は、基本的には後者でありながら、前者としての効果も最大限に発揮しているのだ。原作では和賀は前衛作曲家であり現在で言うところのシンセサイザーの研究家という設定だが、映画版ではロマン派の系統に入る作曲家にして天才ピアニストに変えられている。これはまさに、クラシック音楽の中でも特に劇的な響きを持つピアノ協奏曲である『宿命』を生み出すための〝お膳立て〟だったに違いない。本作でも原作を改変した部分はかなり多いが、特に目立つのが和賀とその仕事に関するものである。つまり、前述のような和賀の専門分野に関する改変が行なわれなければ、『宿命』は生まれなかったのである。これには、脚本執筆の段階で音楽監督の芥川也寸志から何らかの助言があったのではないだろうか（詳しくはコラムで後述）。本作が、当時の松竹映画としては珍しい4チャンネル立体音響だったのも、『宿命』を聴かせるための音へのこだわりの一つだったのであろう。

そしてその『宿命』が延々と流れるクライマックスは、清張映画で初めて本格的な〝泣かせ〟の演出が施されたものだ（以下、少し突っ込んでご紹介するので、ネタバレも含まれていることをご了承いただきたい）。ハンセン病のために故郷を捨てて放浪の旅に出た本浦千代吉（加藤嘉）・秀夫（春田和秀）父子の苦難の道のり。その背景を包み込む各地の風景の美しさが、余計に彼らの苦しさを浮き彫りにして切ない。そこに鳴り響く『宿命』。たいていの観客はこれで涙腺が緩んでしまう。原作では、この旅路の部分はほとんど記述がない。そこに想像力をかきたてられた橋本忍が、この部分を膨らませてクライマックスの柱に持ってくるように提案したという。まさに、原作の精神を活かしながら大胆な改変を行なう橋本脚色の本領発揮である。

　ところが、この回想（厳密には想像）シーンの後に、更なる〝泣かせどころ〟が待

あの頃映画サントラシリーズ
「砂の器」映画オリジナル音楽集　音楽監督：芥川也寸志
作曲：菅野光亮　発売元：SHOCHIKU RECORDS
商品番号：SOST-3014　価格：2,190円(+税)

ち構えていた。療養所に収容されていた千代吉に面会した今西は、和賀（＝成長した秀夫）の写真を見せる。その瞬間、激しく嗚咽を始める千代吉。この男を知らないかという今西の問いに、千代吉は頑なに首を横に振り続ける。何度も確かめる今西に、千代吉は叫ぶ。「そんな人は知らねえ！」。ここでの加藤嘉は、間違いなく日本映画史上最強の涙腺破壊兵器である。観る者の胸を締め付ける千代吉の叫びに、観客は完全にとどめを刺されてしまう。あの嗚咽と叫びは加藤にしか出せないものだ。緒形拳は本作への出演依頼を受けた時に千代吉役を熱望したが、野村芳太郎は「あの役は、映画化が決定した時から加藤嘉さんに決まっていた」と言ったという。当時の緒形の年齢（36歳）であの役の重み（特にラストの方）が出せたかどうか、という野村の考えもあったのだろう。緒形の千代吉も見てみたかった気はするが、やはりあの役は（少なくとも当時では）加藤以外あり得なかっただろう。野村の判断は正しかったのである。

ところで、私が本作を観る度に思い出す映画がある。勝新太郎の代表作である人気シリーズの8作目『座頭市血笑旅』（1964）である。盲目の侠客で凶状持ちの座頭市（勝）は、放浪の旅の中で心ならずも兄や友人などを斬ってきたことから、心の拠り所を求めていた。ある日、市は自分と間違われて刺客に斬られてしまった旅の女から、死の直前に彼女が連れていた赤ん坊を夫（金子信雄）の元に届けるよう頼まれる。刺客を撃退しながらやっとのことで赤ん坊の父親が住む村にたどり着くが、彼は名を挙げるためにヤクザの親分の娘と結婚していて、市を赤ん坊もろとも追い返す。結局、市は彼とも戦うことになり、これを倒す。赤ん坊こそが自分の心の拠り所だと考えた市は自分で育てようとするが、村の寺の住職から、市に育てられても子供はヤクザになるのがオチだと諭される。このシーンは、本作で三木が千代吉に秀夫と別れて療養所に入るよう説得するシーンを連想させる。しかも、その住職に扮していたのも加藤嘉である（諭す立場が入れ替わっているが）。偶然の一致だろうが、不思議な因縁を感じる。子の幸せを思えばこそ離れなければならないと悟った市は、赤ん坊を住職に託し再び放浪の旅に出る。ラストシーン、心の拠り所を得ることも許されない己の宿命に必死に耐えようとする市の姿が涙を誘う。

脚本、音楽、（特に加藤嘉の）演技が一体となって最大級の感動を呼ぶこのクライマックスこそが、本作が傑作と呼ばれる最大の功労者なのである。

傑作となる宿命

本作は当初、例によって城戸四郎が大船調にこだわったことと製作費がかかり過ぎるなどの理由からなかなか城戸の了承が得られなかったため、「松竹を離れてでも撮りたい」という野村の熱意により、製作会社が松竹から東宝へ移ることが内定した。しかし、橋本が城戸を説得した結果、松竹での製作が決定したという。もちろん、前述の橋本プロと製作費を折半するという条件があったからこその最終決定であろう。結果として、松竹自体にとっても代表作の一本となる作品を生むことができたわけである。

殺人事件の捜査にあたる警察と犯人側の動きを並行して描くという『顔』や『点と線』の系譜に属するパターン。刑事たちの捜査はもちろん、犯人の過去の回想でも〝旅〟が重要な役割を果たしてい

るが、ここまで登場人物があちこち（しかも長距離）旅するのは、清張映画では久しぶりだった。
　これまで述べてきたように、本作は原作の素材の良さと、映画版の製作に関する様々な要素が見事に融合した結果、一般的にも非常に知名度が高い作品に仕上がったと言えるだろう。そして、先ほど触れた「当時の大ヒット映画の共通点」の一つが「丹波哲郎」である。『日本沈没』、『人間革命』、そして本作とその数カ月前に公開された『ノストラダムスの大予言』（１９７４）……。いずれも丹波が主演もしくは主役級のキャラとして出演している。特に正続『人間革命』、『ノストラダムスの大予言』、そして本作は、映画ファンの間で「70年代丹波哲郎大演説映画」と呼ばれている作品群の代表格として挙げられることが多い。ただし、『人間革命』と『ノストラダムスの大予言』はほぼ全編にわたって丹波の語りがナレーションを兼ねて流れてくるが、本作では確かにクライマックスの導入部分で今西が謎解きの説明をするものの、例の旅路のシークエンスにはほとんど喋りが重ならない。橋本曰く、捜査会議・コンサート・旅路の３つを並行して見せるのは人形浄瑠璃を参考にしたということだが、あくまでも「今西の想像」である旅路の部分には、セリフや効果音自体がほとんど被っていないのである。実は丹波は、本作ではあまり〝演説〟していないのだ。
　その丹波は、『００７は二度死ぬ』（１９６７）への出演で国際俳優の仲間入りを果たし、翌年から始まったテレビの『キイハンター』で人気を確かなものにしていた時期。本作以後、丹波はオールスター・キャストの大作映画に欠かせない大物俳優になっていく。
加藤剛は『影の車』の主人公を演じるにはいささか二枚目過ぎたが、本作はまさにはまり役。島田陽子は当時はまだ清純派のイメージが強かったが、本作ではそれを見事に覆して演技の幅を広げた。森田健作もこの頃は青春スターとして活躍していたが、いつまでも学生役をやるわけにもいかず、次のステップに移ろうとしていた時期の出演となった。他にも豪華キャストが揃い大作クラスの作品になった。

劇中におけるハンセン病の扱いについては、映画の製作中から問題になっていたようだが、製作者たちは原作の設定を変えず、ラストに病気の現状や差別に対するメッセージを込めた字幕を出すことで真摯に対応している。これはデリケートな問題ではあるが、原作通りでないと作品のテーマの持つ重みがどれだけ観客に伝わるのか、疑問ではある。

清張作品の集大成的内容と一般大衆の心の琴線に触れる要素が見事に融合し、驚異の完成度を誇る清張映画が完成した。本作はそのような映画になる〝宿命〟だったのである。

カラー　シネマスコープ　143分　［公開日］1974年10月19日　［製作］松竹＝橋本プロダクション
［配給］松竹　［監督］野村芳太郎　［製作］橋本忍、佐藤正之、三嶋与四治　［脚本］橋本忍、山田洋次
［撮影］川又昂　［美術］森田郷平　［音楽］芥川也寸志、菅野光亮
［出演］丹波哲郎、加藤剛、森田健作、島田陽子、山口果林、加藤嘉、緒形拳、佐分利信、渥美清、笠智衆、夏純子、松山省二、内藤武敏、春川ますみ、稲葉義男、花沢徳衛、殿山泰司、信欣三、浜村純、山谷初男
［DVD・BD］松竹

コラム

清張映画常連脇役大全

清張映画を全体的に見てみると、製作会社や監督がまったく違うにもかかわらず、同じ脇役俳優たちがたびたび出演しているということに気が付く。彼らの大半は映画会社の専属ではなかったためこのようなことが可能だったのだが、「清張映画」というジャンルでの常連俳優が多かったというのはなかなか興味深い。

ここでは、そんな俳優たちの中から、出演回数が多い7人と、次点の中から特に印象的な役を演じた3人を選んで合計10人の脇役俳優たちを簡単にご紹介する。

芦田伸介

劇団民藝に所属していたことから、同団が提携していた日活の作品を中心に映画にも多数出演。テレビの『七人の刑事』（1961〜69他）で一躍茶の間での知名度を上げる。

清張映画には、『張込み』での端役を皮切りに6本出演。『影なき声』では悪役だったが、『七人の刑事』の影響からか『影の車』ではそのまま刑事役、『球形の荒野』での元外交官を経て、『迷走地図』ではついに総理大臣にまで出世した。

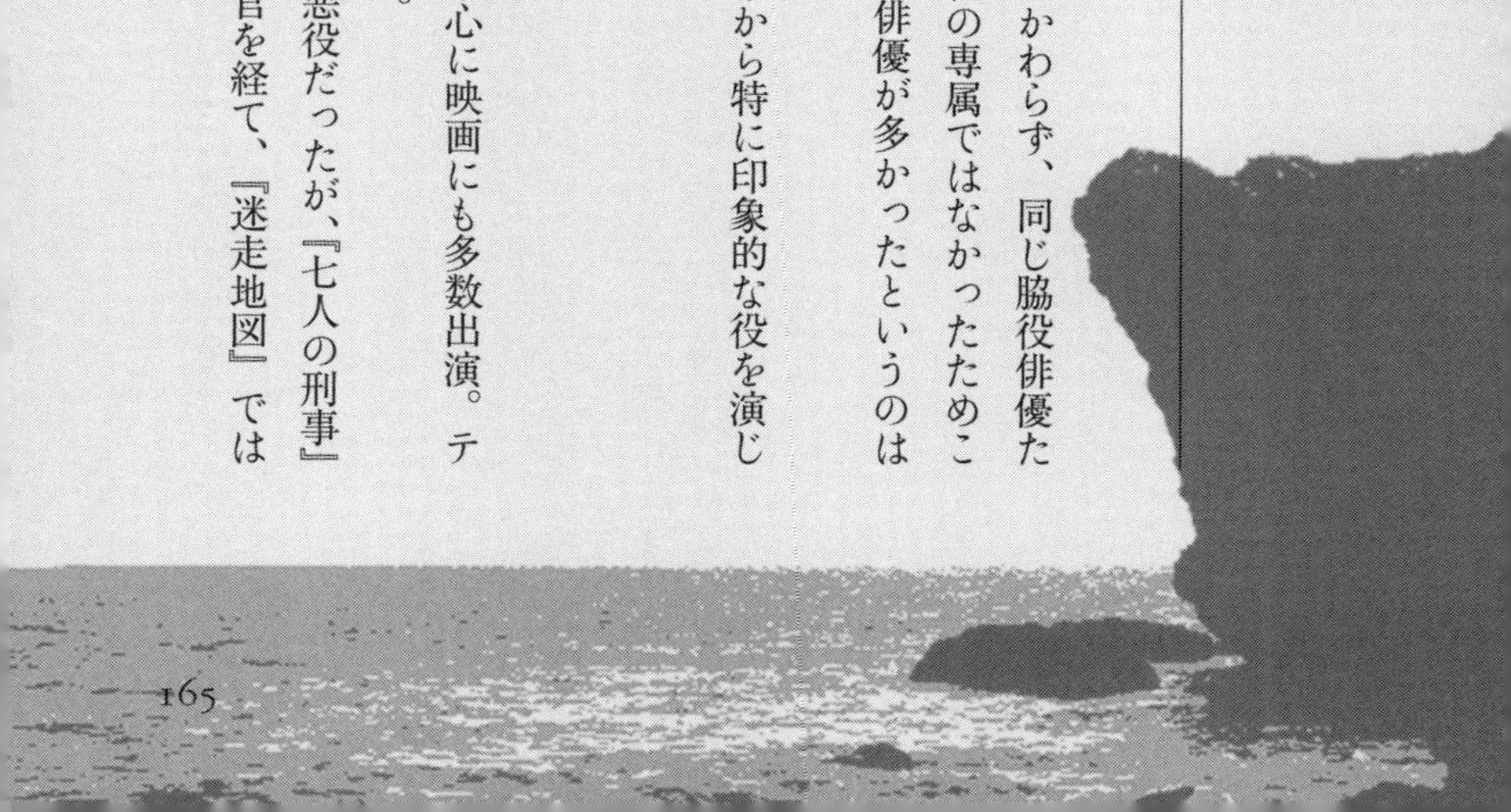

稲葉義男

清張映画の「警察役者」。『けものみち』以降5本出演しているが、『影の車』以外はすべて警察関係者の役である。『ザ・ガードマン』に主要メンバーとしてレギュラー出演していたことも多少は影響しているのだろう。

俳優座出身。何といっても『七人の侍』の侍の一人・五郎兵衛役が最も有名だろう。善悪どちらの役もこなせた演技派。

小沢栄太郎

俳優座の創設メンバーの一人。映画にも積極的に出演し、溝口健二や成瀬巳喜男ら巨匠の作品、独立プロの社会派映画、東宝ＳＦ……と幅広いジャンルの作品に登場。憎々しい悪役、政治家、富豪などの役が多かったが、善人役を軽妙洒脱に演じることも多かった。

清張映画は第1作の『顔』から『疑惑』まで5本に出演。お得意の金持ちや政治家役が多かったが、ちょっと変わった性癖を持つ『けものみち』の鬼頭老人の役は、後に三國連太郎が清張映画で演じた役の原型にも思える。

織田政雄

戦前は舞台で活躍、戦後は映画やテレビドラマに数多く出演。地味な風貌ゆえに、かえって木下恵介ら様々な巨匠の作品に重宝された。

清張映画には4本出演しているが、自身の芸風の利点を最大限に活用し、『眼の壁』では詐欺被害の責任をとって冒頭で自殺する主人公の上司役、そして『あるサラリーマンの証言』では無実の罪で逮捕され主人公の保身のためにアリバイも証明してもらえないという踏んだり蹴ったりの杉山役を演じた。『ゼロの焦点』では珍しく（?）出番もセリフも多く悲惨な役でもない、金沢署の捜査主任役。

加藤嘉

清張映画の常連脇役の中でも最多の7本に出演しているが、その役柄も『点と線』の準主役である鳥飼刑事から『告訴せず』の怪しい大場老人まで多彩。しかし何と言っても『砂の器』の本浦千代吉役は日本映画史に残る名演技。

アマチュア劇団などを経て新劇で活躍、23歳の時から老け役もこなすようになる。その後は戦後にかけて様々な劇団に所属、映画にも300本以上出演した。今井正、内田吐夢、山本薩夫、今村昌平らの作品に常連出演。風俗喜劇などの娯楽作品にも多数出演し、「若い女を囲う金持ちの老人」という役が意外に多い。ほとんどが脇役での出演だが、認知症の老人役で主演した『ふるさと』（1983）で多数の映画賞を獲得。

西村晃

テレビの『水戸黄門』では東野英治郎の後を受けて1983年から92年にかけて2代目黄門様を演じ茶の間の人気者となったが、それ以前は東野と同様、憎々しい悪役が多かった。清張映画には6本出演しているが、やはりその時期の作品ばかりであるため、悪役系での出演がほとんど。清張映画での彼の役は「顧問弁護士」、「映画の中盤で殺される役」、「主人公を追いつめる役」の3つ（時にはそのうちの2つの複合形）に大別できるのがユニークだ。

黒澤明や山本薩夫ら巨匠の作品から『吸血髑髏船』（1968）のような怪奇映画やエロティックな作品まで出演作のジャンルは幅広い。特に今村昌平の『赤い殺意』（1964）や主演作『マタギ』（1982）での演技の評価が高い。

浜村純

加藤嘉と同様、新劇の舞台俳優を経て映画界入り。個性的な風貌から、チョイ役ながらインパクトの強い役柄を数多く演じた。市川崑作品には新旧両方の『ビルマの竪琴』（1956&85）に違う役で出演するなど多数の作品に顔を出している。他に今村昌平、大島渚、篠田正浩らの作品の常連だった。

清張映画への出演は6本。大映・東宝・松竹と各社の作品に出演している。いずれも出番はそれほど長くないが、医師、芸術家、役人……と多彩な役を演じた。『砂の器』では本浦父子を村から追い出す巡査（その後に登場する三木と正反対の役）を演じていたが、これもセリフが無い（観客には聞こえない）役だった。

穂積隆信

『ゼロの焦点』以降、5本の清張映画に出演。いずれも端役（『ゼロの焦点』の役も原作と比べるとかなり縮小されている）で印象に残る役が少ないが、『黒の奔流』の冒頭で殺害される御曹司役が、彼の得意とする「チョイイヤ」役の典型と言えるだろう。5本すべて松竹作品だが、穂積本人はフリーで各社の映画に出演した。

テレビドラマへの出演も多く、『飛び出せ！青春』（1972〜73）など一連の学園ものでの嫌味な教頭先生役などでおなじみ。また、非行に走った娘との壮絶な日々を綴った著書『積木くずし』は社会現象を巻き起こし、テレビドラマや映画にもなった。

三國連太郎

日本映画界を代表する名優。内田吐夢の『宮本武蔵』五部作、今村昌平の『神々の深き欲望』（1968）、『利休』（1989）など代表作多数。山本薩夫ら巨匠からのオファーがあちこちからあったため、フリーと専属を何度も繰り返して各社の映画に出演。『飢餓海峡』（1965）や『犬神家の一族』などミステリー映画でも印象的な役を演じた。アクの強い大物、政治家、実業家から一般庶民まで、守備範囲は広い。役に成りきるための熱意と努力は尋常ではなく、「怪優」の異名も持っていた。

清張映画での出演作4本のうち、『内海の輪』と『彩り河』でのマニアックな性行為のプレイを好む社長系の役はまさに怪演。『霧の旗』の大塚弁護士役は1969年のテレビドラマ版以来2回目だった。

宮口精二

戦前から舞台俳優として活躍、特に長年文学座で多くの演劇作品に出演した。そのかたわら映画にも出演、黒澤明をはじめ木下恵介や小津安二郎ら名監督の作品に登場した。特に先述の『七人の侍』の久蔵役のおかげで、海外にも彼のファンが多い。

出演した4本の清張映画のうち『張込み』をはじめとする3本が、「年下の主人公をサポートする役」だった。特に『無宿人別帳』の卯助はかなり久蔵を意識したキャラクターだと思われる。

告訴せず

1975年　東宝

「政治と金」という現代でも毎日のように取り沙汰される問題をベースに、「普通の男が犯罪に手を染めてしまう」という清張作品でもおなじみの設定を活かした異色の傑作の映画化だが、完成した映画もいろいろな意味で異彩を放つ作品となった。

岡山から衆院選に立候補している木谷芳太（渡辺文雄）は、当落の瀬戸際にいたが選挙資金が足りなくなってしまう。だが所属派閥の長である代議士に援助を断られたため反対派の長である大臣の宗近（小沢栄太郎）に泣きつき、3000万円の提供の約束を取り付ける。その金を受け取る役に指名されたのが、木谷の妹・春子（悠木千帆　現・樹木希林）の夫・省吾（青島幸男）だった。彼は婿養子で食堂を経営させられていて、春子たちに頭が上がらない毎日を送っていた。省吾は東京へ金を受け取りに行くが、大量の札束を見た瞬間に日頃の鬱憤が爆発したのか、そのまま3000万円を持ち逃げし姿を消した。その事実を知った木谷らは激怒したが、中でも彼の選挙参謀を務める光岡（西村晃）は、配下の暴力団を動員して省吾の行方を追った。その頃、偽名を名乗り伊香保温泉の旅館に身を寄せていた省吾は、テレビのニュースで木谷が当選したことを知り一安心する一方、旅館の女中・お篠（江波杏子）と親密になっていった。ある日、旅館で盗難事件が発生し、出所不明の大金を所持していた省吾は警察に逮捕されてしまう。省吾は思い切って正直に事の経緯を告白するが、それを認めれば選挙違反が発覚することになるため、木谷や宗近は省吾を告訴できず無関係を主張するしかなかった。釈放された省吾は再び東京に出てきて、かつてお篠と共に訪れた神社での神託に従い、小豆相場に大金を投資する。やがて、彼を追って上京してきたお篠と同棲し始めた省吾は小豆相場で大儲けするが、それと共に彼の周囲の人間関係は次第に怪しい雲行きになっていく。さらに、木谷や光岡らの影も、じりじりと省吾に迫り彼を追いつめていく……。

『あるサラリーマンの証言』（以下『証言』）の出来に感心した清張は、監督の堀川弘通に「また何か（自作の映画化を）やってよ」と幾度となく言っていたという。そんな中、プロデューサーの市川喜一が堀川に、「青島幸男の主演で何か映画を」という話を持ちかけてきた。そこで堀川が思いついたのが本作の企画だった。

放送作家、『スーダラ節』などの歌の作詞、テレビドラマ『意地悪ばあさん』（1967〜68）の主演など、マルチタレントの先駆けとされる青島は、68年に参議院議員選挙に当選、71年には予算委員会で政治献金問題に絡んで時の首相・佐藤栄作を痛烈に批判したり、本作の前年には街頭演説などの選挙活動を一切することなく参院議員に再選されるなど、国会に嵐を巻き起こしていた。ルックスはまさに気の弱い省吾そのものだが、それに加えてこのような青島の背景を考えると、政治家から出た

黒い金を持ち逃げするという省吾を彼が演じるというのは、青島にとっては自虐的な意味合いも込めた、実にユニークで捻ったキャスティングである。とは言え、意外にノリノリで演じている感じがするのも確かだ（特に江波杏子とのラブシーン）。いずれにしても、堀川にとっては『証言』の時の小林桂樹と同様、世間のイメージを逆手に取ったキャスティングと言えるだろう。

青島にバラエティ番組のイメージがあるせいか、単なる偶然なのか、本作にはどことなくユーモラスな味付けがなされている。ただ、それは背景のドス黒さや主人公がたどる運命とのコントラストという意味合いもあるのだろう。

脚本は、成瀬巳喜男の『乱れ雲』（1967）や山本薩夫の『華麗なる一族』（1974）などの名手・山田信夫。清張映画は『内海の輪』に続いて2本目である。

お篠役の江波杏子は『花実のない森』以来の清張映画出演だが、今回はヒロイン役。明るさの中に陰が見え隠れする前半から、次第に図太さが強くなり腹の内も読めなくなる後半への変化も見事に表現している。脇を固めるのは清張映画おなじみの顔ぶれだが、省吾を尻に敷く恐妻役の樹木希林や次第にお篠との仲が怪しくなる穀物仲買業者の村井国夫など、現在でも活躍しているベテラン俳優たちも重要な役で出演している。

本作の7カ月後には、石川達三の小説を山本薩夫が映画化した『金環蝕』（1975）が公開され、奇しくも「政治と金」にまつわる映画が続くことになった。そして翌年にはロッキード事件が発覚、映画の世界のトレンドが現実世界の事件の先を行く形となった。

気弱な男が犯罪に走るという『愛のきずな』などと同系統の物語の背後に、『けものみち』のようなスケールの大きい悪の存在を設定した、清張らしい合わせ技が効いた原作。そこに青島幸男という絶好の素材を投入したことで生まれた、異色の傑作だ。

カラー　シネマスコープ　90分〔公開日〕1975年2月1日〔製作〕東宝映画=芸苑社〔配給〕東宝
〔監督〕堀川弘通〔製作〕市川喜一、森岡道夫〔脚本〕山田信夫〔撮影〕福沢康道〔美術〕薩谷和夫〔音楽〕佐藤勝
〔出演〕青島幸男、江波杏子、渡辺文雄、悠木千帆(現・樹木希林)、西村晃、小沢栄太郎、加藤嘉、小松方正、村井国夫、浜村純、天本英世、稲葉義男、佐原健二、加藤和夫、森下哲夫、長沢大、武藤章生、勝部義夫、伊東光一、徳光和夫
〔DVD〕東宝

球形の荒野

1975年　松竹

『砂の器』の大ヒットの後に初めて松竹が放った清張映画は、壮大なスケールの設定の中で再び親子の愛情を描いたものだった。だが、そのタッチは『砂の器』とは正反対と言っていいほど違っていた。
昭和36（1961）年。若き女医の野上久美子（島田陽子）は亡き父・野上顕一郎（芦田伸介）が愛した大和路を旅していたが、唐招提寺の拝観者芳名帳の中に、名前こそ違っていたが亡き父の筆跡にそっくりな記名を発見して驚く。それは、中国北宋末の書家・米芾《べいふつ》の書を手本にしたものだった。第二次世界大戦末期にヨーロッパの某中立国公使館で一等書記官を務めていた顕一郎は、終戦の1年前に現地で病に倒れたと言われていた。翌日、婚約者である新聞記者の添田（竹脇無我）と落ち合った久美子は、彼を伴って昨日まわった寺社を再び訪れ筆跡を確認しようとしたが、その記名がされている部分だけが破り取られていた。二人は帰京し、久美子は母・孝子（乙羽信子）にこの事を話すが一笑に付されてしまう。一方の添田もこのことが気にかかり、当時顕一郎の部下で現在は外務省欧亜局課長を務める村尾（岡田英次）や、彼の新聞社の論説委員で当時は現地の特派員として公使館に出入

りしていた滝（山形勲）に会ったが、なぜか二人とも話をはぐらかそうとした。久美子の周辺で無言電話など奇妙な出来事が頻発するようになった頃、当時公使館付の軍人だった伊東（藤岡琢也）が彼女の前に現れた。さらに、久美子と孝子は何者かに歌舞伎座に招待され、行ってみると村尾、滝、伊東も来ていた。これを目にした添田は、顕一郎が生きていて、今日本に来ていると確信した。彼の勘は当たっていた。ロベール・ヴァンネードと名乗り現地で結婚した妻と共に来日していた顕一郎は、京都へ移動し滝と会っていた。当時、顕一郎は日本を破滅から救うため、公には死んだことにして国も妻子も捨て、連合国側と接触した。だが、この和平工作に対して伊東たち軍人は反発、顕一郎を裏切り者として憎しみ続けていたのだ。迷いながらも久美子に一目会いたいと願って日本に戻って来た顕一郎。だが、このことが連続殺人事件を引き起こしてしまう……。

過去の日本の歴史を題材にし、その舞台をヨーロッパまで広げた物語であるため、清張映画としては珍しく、映画の冒頭だけだが状況説明のナレーション（田宮二郎）が流れる。和平工作にまつわる様々な人々の思惑が交錯して事件が続発するかと思いきや、その辺りは割りとあっさりと扱われ、野上父娘の再会をめぐるドラマをメインに展開する。この辺はやはり『砂の器』における親子愛の部分を意識した構成だったのかも知れない。日本を破滅から救うために心ならずも家族を捨てた顕一郎の、「今さらどのツラ下げて娘に会えるんだ」と思いながらもやはり……という複雑な心境と、当時の父の思いを理解しようとしつつも家族を捨てたことに対する悲しみで揺れ動く久美子の心理。

その二人の再会が本作のクライマックスになるわけだが、意外にも淡々とした演出なのに驚かされ

る。『砂の器』の路線で行こうとするなら、二人が歌う『七つの子』をじっくり聴かせて情感溢れるラストにするのが王道だが、二人の歌声には本作のグルーミーなテーマ音楽が容赦なく被せられている。音楽の付け方が間違っているのではなく、二人の再会が決して単純なハッピーエンドではないということを暗示しているのだろう。父娘の心の溝は恐らく埋まらないまま、そして苦労した母にも会わないまま、父は予定通り日本を出発してしまうだろう。そんな父に久美子が完全に心を開くとは思えない。海を背景にした美しい画面が、余計に二人の複雑な心境と戸惑いを浮き彫りにする。

本作は、脚本の脱稿が75年4月30日、翌日の5月1日にクランクイン、25日にクランクアップ、6月3日に完成披露試写会、7日に一般公開……と、異常にタイトなスケジュールで製作された。大量生産されていたかつての日本映画でも珍しい短さだが、前作の『砂の器』が撮影だけで10カ月もかかったことを考えると、さらに驚きである。

そのような短期間での製作をやってのけた監督の貞永方久は、50年代末に松竹京都撮影所の演出部に入社、助監督として大曾根辰保、五所平之助、篠田正浩、野村芳太郎らの作品につく。65年に京都撮影所が閉鎖され大船撮影所に移籍、68年に監督デビュー。『黒の斜面』（1971）や『メス』（1974）などサスペンスものを得意とする一方で、『必殺』シリーズはテレビと劇場版の両方を数多く担当した。『砂の器』の験担ぎなのか、久美子役は同作に出演していた島田陽子。金髪でフランス人だと言い張る芦田伸介にはちょっとビックリだが、クライマックスの再会シーンでの演技はさすが。島田の相手役の竹脇無我のいかにも真面目そうな記者役の演技が、本作の〝硬さ〟をさらに強くしている。山形勲や岡田英次らも加えてベテランが顔を揃える重厚なキャスティングになっている。元軍人の藤岡琢也や黒幕系キャラを不気味に演じる大滝秀治らも適役。九州外の人には分かりにくいだろうが、長崎の寺の住職という設定の笠智衆は、セリフまわしがほとんどネイティブの熊本訛りである。

『砂の器』のヒットにあやかりつつ、同じようなことはしない。清張映画の〝老舗〟である松竹ならではの余裕とチャレンジ精神を見せつけた作品である。

カラー　シネマスコープ　98分　〔公開日〕1975年6月7日　〔製作〕松竹大船撮影所　〔配給〕松竹
〔監督〕貞永方久　〔製作〕杉崎重美　〔脚本〕貞永方久、星川清司　〔撮影〕坂本典隆　〔美術〕芳野尹孝
〔音楽〕佐藤勝
〔出演〕島田陽子、竹脇無我、芦田伸介、乙羽信子、山形勲、岡田英次、藤岡琢也、笠智衆、大滝秀治、矢野宣、松山照夫、三谷昇、加島潤、大塚国夫、土田桂司、光映子、村上記代、田宮二郎(ナレーター)
〔DVD〕松竹

霧の旗

1977年　東宝

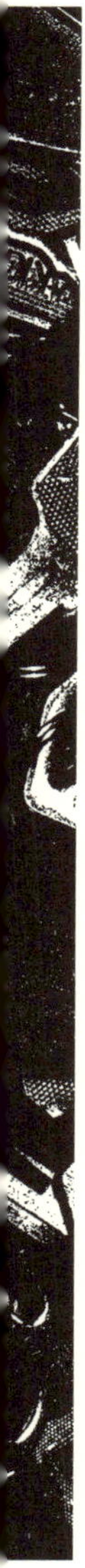

1970年代を代表する人気タレントだった山口百恵。『赤い』シリーズなどで女優としてもキャリアを積んだが、後に結婚する三浦友和との「ゴールデンコンビ」による12本の映画はいずれも大ヒットした。彼女の初期の主演作はほとんどが過去の名作のリメイクであり、本作もその流れで製作された。それが、清張映画としても初のリメイク作品の誕生につながったのである。

北九州市でタイピストをしている柳田桐子（山口百恵）は、高利貸しの老婆殺しの無実の罪で逮捕された兄の正夫（関口宏）の弁護を依頼するため上京、高名な大塚弁護士（三國連太郎）の事務所を訪れる。だが、早くに両親を亡くし兄妹二人で苦しい生活を送ってきた桐子には大塚が提示した高額な弁護料は払えず、諦めるしかなかった。その場に居合わせた週刊誌記者の阿部啓一（三浦友和）は大塚の高慢な態度に激しい憤りを感じ、桐子に同情し協力しようとする。だが、死刑判決が下った正夫は控訴中に刑務所内で獄死してしまう。1年後、東京に出てきた桐子は銀座のクラブでホステスとして働き始め、そこで客として訪れた啓一と再会する。一方、桐子から兄の死を知らされた大塚は正夫の公判記録を調べ始める。啓一からそのことを知らされた桐子は、大塚への復讐を決意する……。

監督は日活出身で吉永小百合らの青春映画を手がけてきた西河克己。本作までの百恵の主演作を数多く監督、他にも80年代に至るまでアイドルタレントの主演映画を多数手がけた。本作の頃、百恵は18歳。西河は彼女が〝悪女〟を演じるにはまだ若いと考え反対したが、百恵は頑として本作主演を熱望、特に嘘をつく時の細かな演技や濡れ場にも挑戦した大胆さで見事に桐子を演じきった。彼女の所属事務所であり本作を製作したホリプロにとっても冒険だっただろうが、結果として「『下町の太陽』が悪女になる」という65年版と同じスタンスで成功したことになった。

「ゴールデンコンビ」の作品ゆえ桐子と啓一の間に恋愛ドラマ的要素が加えられたり、桐子の出身地が（恐らく）原作のモデルで清張の出身地となっている北九州市の小倉に設定されるなどいくつかの違いはあるが、基本的には65年版を踏襲していると言えるだろう。前回同様、東京へ向かって旅する桐子の姿がタイトルバックになっているが、夜行列車などを乗り継いだ前作と違い、新幹線で直行している辺りが、わずか12年間で日本の鉄道事情が大きく変化したことを実感させる。名脇役の桑山正一が前回と同じ大塚事務所の事務員・奥村役で出演している点も、前作へのオマージュだと思われる。ただ、北九州市は当時すでに政令指定都市であり、劇中のセリフでの「九州の片田舎」という表現は今一つしっくり来ない。この版も熊本市ぐらいの地方都市に設定した方が、物語に説得力が出そうなものだが……。

先述の通り二度目となる大塚役の三國連太郎は、本作の前年に放送されたテレビの『赤い運命』

（1976）で百恵と〝父娘〟役で共演したばかり。正夫役の関口宏は戦前の二枚目スター・佐野周二の息子で自身も俳優だったが、本作の頃からテレビのバラエティやクイズ番組、ワイドショーなどの司会の仕事が大半を占めるようになる。近年の彼しか知らない人は、本作で老婆を殴り殺す（という想像の）シーンに驚愕するだろう。殺害される健次役の夏夕介は、やはりホリプロ所属だったグループサウンズ「オックス」の一員として有名になり、その後俳優に転向。本作公開の少し前から放送を開始したテレビの『赤い絆』（1977〜78）でも百恵と共演している。今回、損な役回りの径子に扮しているのは、大島渚とのおしどり夫婦ぶりが有名だった小山明子。加藤治子、神山繁、金田龍之介、高橋昌也など、出番が短い脇役にも豪華な顔ぶれが揃っている。

　私事だが、本作は私が小学4年生の時に生まれて初めてリアルタイムで劇場にて鑑賞した清張映画である。と言っても、当時の私の一番の目当ては同時上映の『惑星大戦争』（1977）だったのだが……。『スター・ウォーズ』（1977）ブームに「特撮映画の老舗」東宝が便乗し、同作の日本公開前に製作・公開してしまった作品である。この2本が同時上映だったというのが、いかにもかつての日本映画らしいが、どういう層をターゲットにした組み合わせだったのだろうか？　桐子が大塚を誘惑して「逆レイプ」（？）するシーンでは、当時はまだ純真な少年だった私は画面から思わず目を逸らしてしまった。同じような体験をした特撮大好き少年は多かったのではないだろうか。

　清張と山口百恵という異色の組み合わせながら、「アイドル映画」という本来の企画意図を逆手に

とって見事な「女性映画」に仕上がった。もちろんそれは、山口百恵という〝伝説〟のスターの底知れぬ実力が成し得たものである。

カラー　シネマスコープ　95分　［公開日］1977年12月17日　［製作］ホリ企画制作　［配給］東宝
［監督］西河克己　［製作］堀威夫、笹井英男　［脚本］服部佳　［撮影］前田米造　［美術］佐谷晃能　［音楽］佐藤勝
［出演］山口百恵、三浦友和、三國連太郎、関口宏、小山明子、夏夕介、加藤治子、神山繁、金田龍之介、石橋蓮司、児島美ゆき、桑山正一、大和田伸也、高橋昌也、玉川伊佐男、原泉、林ゆたか、西村まゆ子、石井富子、町田祥子
［DVD・BD］ホリプロ

鬼畜

1978年　松竹

「観るのがつらくなる」清張映画

松竹作品としては『球形の荒野』以来3年ぶり、野村芳太郎監督作としても『砂の器』以来4年ぶりとなる清張映画。その衝撃的なストーリーが公開前から話題になっていたが、清張作品ならではの人間ドラマを描いた傑作に仕上がっていた。

川越市で印刷屋を営む竹下宗吉（緒形拳）は、妻のお梅（岩下志麻）に内緒で料理屋の女中・菊代（小川真由美）を囲い、彼女との間に6歳の利一（岩瀬浩規）、4歳の良子（吉沢美幸）、1歳半の庄二（石井旬）の3人の隠し子を作った。だが、大手の印刷業者に客を奪われていたところに火事を出して設備の大半を失ってしまい、商売は苦境に立たされていた。当然、菊代への月々の生活費も止まってしまい、堪忍袋の緒が切れた菊代は子供たちを連れて宗吉の家に怒鳴り込んだ。突然、愛人と隠し子の存在を知らされ激怒したお梅は、子供を育てる気はないときっぱり言い放つ。ついに菊代は翌朝、

子供たちを置き去りにして姿を消してしまう。お梅は子供たちの面倒を見るどころか食事も満足に与えず、宗吉にも当り散らした。そしてある日、栄養失調で衰弱した庄二が寝ていると、古いシートが顔の上に被さり、庄二は死んでしまう。事故なのか、それともお梅の仕業なのか。残りの二人も〝始末〟するようにお梅から強く迫られた宗吉は、良子を東京タワーへ連れて行き、置き去りにしてしまう。お梅が一番嫌っていたのは利一だった。頭の良い利一はお梅たちの企みを見抜いているとしか思えなかったからだ。宗吉はお梅から渡された毒薬で利一を殺害しようとするが果たせず、ついに利一を連れて新幹線に乗り、彼の死に場所を探すための放浪の旅に出る……。

原作は短編だが、今日に至るまでの宗吉の歩みが描かれている。映画版ではそこをばっさりカットし、宗吉のところへ菊代たちが乗り込んで来るところから始まる。そして、お梅による子供たちへの虐待の様子と、どんどん追いつめられていく宗吉の苦悩がじっくり描かれる。原作も「読むのがつらくなって途中で止めてしまった」とい

あの頃映画サントラシリーズ
「事件／鬼畜」映画オリジナル音楽集　音楽：芥川也寸志
発売元：SHOCHIKU RECORDS
商品番号：SOST-3022　価格：2,700円(+税)

う人が結構いたらしいが、映画の方もこの辺りが一番きついところだろう。特にお梅の虐待ぶりは凄まじい。演じる岩下も、野村から撮影期間のうちは決して子役たちと仲良くならないように言われ、それを守ったという。後年、本作がテレビ放映された翌日、岩下は知人の子供から電話越しに罵声を浴びせられたという。眉毛の薄いお梅が子供たちをいじめる姿は、まさに鬼のような凄味に満ちている。

当初、野村が宗吉役として真っ先に思い浮かべたのは渥美清だったという。優しくてお人好しで気が弱い宗吉役に渥美はピッタリであり、そんな彼が追いつめられて人間性を失っていく姿を描くことで、本作のテーマが観客にストレートに伝わると思ったようだ。だが、この案は実現しなかった。間違いなく、寅さんのイメージへの影響を懸念したからであろう。松竹が却下したのか、渥美が断ったのかは分からない。しかし、こういう〝冒険〟をするには、あまりにも寅さんは国民的になり過ぎていたのだ。この頃、すでに渥美は、『男はつらいよ』以外の映画に登場しても、大半が「寅さん風の男」といった感じの役ばかりであったのだ。そこまで寅さんのイメージが浸透する前だったら、もしかすると野村のアイディアは実現していたかも知れない。

ちなみに、この原作は実際に起こった事件を基にしているという。実際の事件の方は、逮捕された夫は獄中で発狂死し、本妻も逮捕されたという。

もう一つの『砂の器』

本作は、『砂の器』と共通する部分が多数ある。ネタバレになってしまうが例をいくつか挙げてみると、父と息子が味わう地獄のような苦難、彼らが各地を放浪する後半（もっとも、『砂の器』は父子が生きるための旅、本作は息子の命を奪うための旅という正反対のものだが……）、そして利一が宗吉のことを「知らないおじさん」と言い張るラスト近く（もっとも、脚本を書いた井手雅人は、ここは『砂の器』のように宗吉を庇ったとも、逆に宗吉を憎んで言い放ったものとも、どちらともとれるように書いたようだ。しかし、実際の完成作品における野村の演出はかなり前者寄りである）……。絶妙にアレンジされているものもあるが、両作が同様に「父と子の愛情と絆」を描いた作品であることを示す例であろう。これこそが本作の真のテーマであり、「子供殺し」という題材の過激さだけを売りにしたものではないことがよく分かる。

渥美の〝代役〟として出演を依頼された緒形拳も、当初はかなり出演を迷ったという。だが、友人であり本作にも端役で出演している三谷昇から「こんないい役をやらない役者はいないだろう」と言われて迷いが消えたという。その三谷も気弱な男の役を演じることが多く、さらに黒澤明の『どですかでん』では食あたりで息子を失ってしまう乞食の役を演じて知名度を上げた。

後半の父子放浪のシークエンスは、ビジュアルとしてはまさに『砂の器』の本浦父子とイメージが重なる。前述のように千代吉役を熱望しながら果たせなかった緒形は、本作のこの部分で「鬼と化した千代吉」を演じたことになるわけである。そう考えると、三谷の助言はまさに的を得ていたことになるのである。

本作では『宿命』のような音楽こそ流れないが、きょうだいが持ってきたオルゴールが奏でるメロディが、アレンジされて劇中で何度も流れる。背景音楽と現実音楽を兼ねた楽曲という意味では、『宿命』に近い存在だと言えるだろう。

まさに本作は、「もう一つの『砂の器』」、「裏返しの『砂の器』」と言うことができる。『砂の器』以外の清張映画との共通点もある。「子供への殺意」という点で考えると、『影の車』はまさに本作を先取りした形になる（もっとも『影の車』の場合は、主人公のトラウマが引き起こした過剰防衛未遂といったところだが）。しかも、同作で主人公の妻と愛人を演じた小川真由美と岩下志麻が再び出演しているが、今回は立場を入れ替えた配役になっているところが面白い。そして、クライマックスの能登の断崖と言えば、やはり『ゼロの焦点』を連想してしまう。もっとも今回は寒々とした冬の荒天下ではなく、晴天で穏やかな気候であるが。

「考えさせられる」清張映画

最初に述べたように、本作の公開当時は子供殺しという内容が物議を醸したが、観客にとってかなりリアルな題材だったのではないだろうか。子供を持つ親なら正視に耐えない作品だろうが、このような状況に追い込まれないという保証は無い。そう考えると、本作ほど「考えさせられる」清張映画は少ないのではないだろうか。

主役の3人（宗吉、お梅、菊代）の中で、本当は誰が一番の〝鬼畜〟だったのか。

そして現代、平気で（としか思えない残虐さで）我が子に手をかける親が増え、そのような事件の報道が毎日のように耳に入って来る。現実はもはや本作よりもはるかに悲惨なのである。

モデルになった事件の結末と、現代における子殺しの横行。どちらも現実は悲惨である。それを思うと、本作のラスト近く、何とか身の上のことを聞き出そうと利一に明るく優しく接する女性警察官（大竹しのぶ）の姿と、罪悪感に泣き崩れながらも利一が生きていたことに安堵する宗吉に、妙に救われる思いがするのは私だけだろうか。

カラー　ビスタサイズ　110分　［公開日］1978年10月7日　［製作・配給］松竹
［監督］野村芳太郎　［製作］野村芳太郎、野村芳樹　［脚本］井手雅人　［撮影］川又昻　［美術］森田郷平
［音楽］芥川也寸志
［出演］緒形拳、岩下志麻、小川真由美、岩瀬浩規、吉沢美幸、石井旬、蟹江敬三、鈴木瑞穂、大竹しのぶ、田中邦衛、大滝秀治、浜村純、梅野泰靖、江角英明、山谷初男、三谷昇、松井範雄、井上博一、加島潤、渡辺紀行
［DVD・BD］松竹

コラム

清張映画の作曲家たち

小説を映画にした場合、両者がまったくの別物であると認識させるものの一つが、映画化された作品に付けられた音楽である。当然のことながら、小説にはＢＧＭは付いていない。一方、映画やテレビでは、製作者の意図など画面からだけでは伝わりにくい要素を観客に提示する方法の一つとして、音楽が付けられる。

清張映画を盛り上げた音楽を生み出した作曲家には、本文中で触れた他にも、『君の名は』の古関裕而、純音楽の作曲家としても世界的に有名な武満徹、コメディなど幅広く手がけた神津《こうづ》善行、『銀座の恋の物語』も作曲した鏑木創《かぶらぎはじめ》など、日本映画の黄金期らしい錚々たる顔ぶれが揃っている。ここでは、担当した作品が多い二人と、あの名曲を生んだ早世の天才音楽家についてご紹介したい。

芥川也寸志

日本の音楽界を代表する有名作曲家の一人。清張映画は、「音楽監督」として携わった『砂の器』や毛利蔵人との共作となった『疑惑』を含めて6本担当。すべて野村芳太郎の監督作品である。

1925年東京生まれ。父は文豪・芥川龍之介。国内外で名を知られた作曲家、指揮者、そしてテレビ番組の司会など多方面で活躍。作曲家としても、純音楽だけでなく、映画やＮＨＫの大河ドラマ『赤穂浪士』（1964）などのテレビの音楽、社歌などの団体歌、ＣＭなど幅広いジャンルで活躍した。映画音楽では『野火』などの市川崑や野村とのコンビ作品が特に多く、野村が清張映画を最も多く手がけたことを考えると、芥川が清張映画に最多登板したのも当然の成り行きと言えるだろう。89年に63歳で病没。

東京音楽学校（東京芸術大学音楽学部の前身）で学んだが、特に作曲を学んだ伊福部昭からの影響が大きいと言われる。伊福部の仕事の現場にアシスタントとして同行するなど、映画音楽についても理論から実践まで様々なことを学んだという。なお、同校でやはり伊福部から作曲を学んだ池野成と黛敏郎も、清張映画を2本ずつ担当している。

野村芳太郎監督作品　サウンドトラックコレクション
発売元：株式会社バップ
商品番号：VPCD-81102
価格：2,621円（税込）（提供：VAP）
（野村が監督した清張映画全８作品の主要楽曲を収録）

『砂の器』で和賀の専門分野が変えられたのは、映画の製作準備の段階で芥川の助言があったからだと推察できる。そうすることで、幅広い層に受け入れやすく観客の情動に訴えることができ、なおかつ背景音楽と現実音楽の両方として使える楽曲を挿入することができる、という計算があったのだろう。このような、映画における音楽の効果的な使い方も、伊福部から学んだことの実践だったのだろう。

菅野光亮

その芥川から『砂の器』の作曲を依頼されたのが、当時ジャズピアニストとしても活躍していた菅《かん》野《の》光亮《みつあき》である。

1939年宮城県生まれ。東京芸術大学音楽学部作曲科卒業。『砂の器』では『宿命』の作曲と和賀が弾くピアノの演奏も担当。映画の大ヒットにより映画音楽の仕事も増え、『昭和枯れすすき』（1975）などの野村監督作をはじめ、深作欣二の『魔界転生』（1981）や五社英雄の『鬼龍院花子の生涯』（1982）（次に紹介する佐藤勝の代打）を担当。『天城越え』で再び清張映画を担当するが、同作公開の半年後に44歳の若さで病没。切なくも美しい同作のテーマ曲は、菅野の「白鳥の歌」だったのだろうか。

佐藤勝

生涯で300本以上の映画音楽を担当、日本映画黄金期から20世紀末まで現役で活躍した映画音楽の巨匠。

1928年北海道生まれ。国立音楽大学を卒業後、映画音楽家を目指して早坂文雄に弟子入り。病死した早坂が進めていた黒澤の『生きものの記録』（1955）の作曲を代理で完成させ、以後10年間、

『用心棒』（１９６１）など黒澤の黄金期の作品をすべて担当。また、岡本喜八の監督作品もほとんど手がけた。他に山田洋次、70年代以降の山本薩夫、五社英雄らの名監督の作品、石原裕次郎主演作、東宝の戦記大作やＳＦ特撮などジャンルを問わない活躍ぶりを見せた。黒澤の遺作脚本を弟子たちが映画化した『雨あがる』（２０００）の音楽録音直後に71歳で急死。

佐藤は75年から77年の間に3本連続で清張映画を担当したが、芥川が野村とのコンビ作として担当したのとは逆に、これら3本はすべて監督が異なる。多くの作品をこなしていた佐藤としては、たまたま清張映画が続いただけだったのかも知れないが、それぞれにまったくタッチが異なる音楽を付けて、それぞれの作品の雰囲気に合った音作りをしている。映画音楽のプロならではの仕事ぶりである。

松竹120周年映画音楽集
オリジナル・サウンドトラック
発売元：SHOCHIKU RECORDS
商品番号：SOST-3024
価格：2,800円（＋税）
（『黒の奔流』『天城越え』『彩り河』のテーマ音楽を１曲ずつ収録）

第四章

1980年代以降

わるいやつら

1980年　松竹

色と欲とのからみ合い

1980年代に入り、松竹は再び清張映画をコンスタントに製作するようになった。その背景は後で説明するが、その第1弾となったのが、ちょうど20年前の60年に発表された長編小説の映画化である。

総合病院の院長・戸谷信一（片岡孝夫　現・仁左衛門）は妻の慶子（神崎愛）と別居中で、離婚の慰謝料など金銭関係を友人の経理士・下見沢（藤田まこと）に任せていた。だが病院の経営の方は火の車で、金づるでもある横武たつ子（藤真利子）と藤島チセ（梶芽衣子）の二人の愛人から金を巻き上げては、病院の赤字の穴埋めに充てていた。そんな状況にありながら、戸谷は新進気鋭の女性デザイナーの槙村隆子（松坂慶子）に夢中になっていた。たつ子の夫の常次郎（米倉斉加年）は深川の材木商だがずっと病床に就いているため、彼女が店を切り盛りしていた。彼女は戸谷と共謀して、常次郎を病死に見せかけて毒殺することに成功。だが、親族が常次郎の死に疑いを持ち、彼女は店の金を自由に使えなくなってしまう。金がないのに結婚を迫るたつ子が邪魔になった戸谷は、亡き父の二号で自分の愛人でもある看護師長の寺島トヨ（宮下順子）と結託して彼女を殺害する。東京と京都の料亭を経営するチセが目下の戸谷の最大の資金源だったが、彼女も夫の春次（山谷初男）がいなければ財産を自由にできる。戸谷は常次郎と同じ方法で春次を殺害するが、彼が作成した嘘の死亡診断書が疑われることはなかった。戸谷は隆子が銀行から事業資金の1億円の融資を受けられないと知るや、その資金を貢ごうと工面に奔走する。その一方で、毒殺の秘密を知るトヨの存在が次第に邪魔になり、モーテルで絞殺し死体を林の中に捨てた。だが、トヨの死体が発見されたという報道はいつまで経ってもされなかった。そんなある日、戸谷は井上警部（緒形拳）の来訪を受ける。それが戸谷の窮地の始まりだった……。

旬の女優5人を動員した華やかさとは裏腹に、タイトル通り彼女たちも周りの男たちもワルばかり、しかもジェットコースター並みの勢いで登場人物が次々に殺されていくという、なかなか凄まじい物語ではある。だが、それだけに先が読めない面白さもあり、最後まで目が離せない。

『八つ墓村』辺りから、野村芳太郎は清張作品と他の推理作家のミステリーを交互に映画化するという状況が続いており、すっかりミステリーの巨匠と化していた。同じ時期、東宝では市川崑が金田一耕助シリーズとそれ以外のジャンルの作品を交互に発表しており、野村がこれを意識していた可能性は高い。本作の前には、エラリー・クイーンの『災厄の町』を映画化した『配達されない三通の手紙』（1979）を監督したが、この作品はベテランの乙羽信子はじめ多数の女優の共演が売りになっていた。本作ではこの作品から松坂慶子と神崎愛が引き続き出演、他にも主役クラスの女優たちを集めた。さらに、同作に出演した歌舞伎役者の片岡孝夫を主演に据えた。素顔も二枚目である彼を現代劇に、しかも殺人を平気で行なうプレイボーイ役で起用するということで、大きな話題になった。

清張映画随一の華やかなキャスト

本作のキャストは豪華なだけでなく、なかなかユニークな顔ぶれでもあった。

戸谷役の片岡孝夫は、坂東玉三郎とのコンビで人気を博した歌舞伎界を代表するスター。半世紀近くも本名で舞台に立ち続け、1998年にようやく十五代目片岡仁左衛門を襲名。2015年に重要無形文化財保持者（人間国宝）に認定された。本作出演の翌年にはテレビのクイズ番組の司会を務めるなど、近年増えてきた「マルチタレント並みの歌舞伎役者」の先駆けと言える。

『黒の奔流』でのお嬢様役以来8年ぶりの清張映画出演となった松坂慶子だが、すでに松竹の看板女優の一人として安定した人気を誇っていた。当時は野村の『事件』（1978）で殺人事件の被害者を演じるなど、本格派女優へのステップアップの時期だった。この後、『青春の門』（1981）や『蒲田行進曲』（1982）などで映画賞を総なめにする実力派スター女優へと成長していく。

梶芽衣子は東映の『女囚さそり』シリーズなどの娯楽アクションで人気を博した後、増村保造の『大地の子守歌』や『曽根崎心中』（1978）で新境地を開いた。本作への出演はまさにその時期に行なわれた。

本作のキャラの中で「一番気の毒なワル」であるたつ子に扮した藤真利子は、人気作家・藤原審爾の娘。『薄化粧』（1985）などの五社英雄監督作をはじめ映画でも活躍しているが、テレビドラマへの出演が多く、女性向けの「昼ドラ」から2時間サスペンスまでジャンルは多彩。ちなみに、「『火曜サスペンス劇場』で最も多く犯人役を演じた女優」だという。また、作詞・作曲・歌すべてこなすミュージシャンとしての顔も持つ。

慶子役の神崎愛は、フルートの勉強をしていた時に、仲代達矢にスカウトされて無名塾入り。女優とフルート奏者などの掛け持ちというユニークな活動を行なっていた。

トヨ役の宮下順子は日活ロマンポルノ出身。創成期から10年近くという長期間にわたってロマンポルノの看板女優として活躍した。一般映画やテレビドラマにも出演したが、その際は妖艶な悪女の役が多かった。

藤田まことは『愛のきずな』以来で松竹では初の清張映画出演。戸谷を追いつめる警部役の緒形拳は本作が最後の清張映画。戸谷の弁護士を演じた渡瀬恒彦は、緒形と入れ替わるように本作以降の清張映画にたびたび出演することになる。隆子のスポンサーらしき男の役でちょっとだけ登場する小沢栄太郎は、本作同様ファッション業界が登場する『顔』でも似たような役で出演している。

霧プロダクション誕生

ところで、本作は「株式会社霧プロダクション」の第1回作品である。同社については、清張自身が『週刊朝日』84年10月26日号に寄せた『「霧プロ」始末記』に綴っているので、以下、それを参考

に記述させていただく

同社は清張作品、特に清張が熱望していた『黒地の絵』の映像化を主な目的として設立された。映画好きの清張は自作の映画化に対してほとんど口出ししなかったが、内心ではやはり出来に不満があった作品も少なくなかったのかも知れない。そこで、映画の製作に自らタッチできる体制を作りたかったのであろう。脚本の構成や脚本家の選定までを行なった上で映画会社に企画を持ち込む「企画プロダクション」方式をとるための会社を設立することになったのである。清張が代表取締役、野村も3名の取締役の一人に就任し、78年に設立された。すぐに『黒地の絵』の映画化準備に着手するが難航（この辺の事情については後述）。結局、本作が同社の旗揚げ作品となったのである。

本作では、清張は「企画」として名前がクレジットされている。「原作」以外で名前が映画にクレジットされたのは初めてだ。清張はついに、自分の好きな映画というメディアに、製作スタッフの一員として参加することができたのである。それだけでも、彼にとっては無上の喜びだったかも知れない。

女優たちの競演が見ものの本作では、当然「女同士の闘い」もわずかながら展開するが、それは次回作への布石だったのかも知れない。いずれにしても、『けものみち』以来の「ワルだらけ」清張映画は、次作と併せて「女は怖い二部作」とでも呼びたくなるような、女性のしたたかさを感じさせる作品である。

カラー　ビスタサイズ　129分　［公開日］1980年6月28日　［製作］松竹＝霧プロダクション　［配給］松竹
［監督］野村芳太郎　［製作］野村芳太郎、野村芳樹　［脚本］井手雅人　［撮影］川又昂　［美術］森田郷平
［音楽］芥川也寸志、山室紘一
［出演］松坂慶子、片岡孝夫（現・仁左衛門）、梶芽衣子、神崎愛、藤真利子、宮下順子、藤田まこと、緒形拳、渡瀬恒彦、佐分利信、米倉斉加年、小沢栄太郎、山谷初男、滝田裕介、梅野泰靖、小林稔侍、稲葉義男、蟹江敬三、神山寛、西田珠美
［DVD］松竹

疑惑

1982年　松竹

清張映画初の法廷劇

映画史を振り返ってみると、『十二人の怒れる男』（1957）をはじめとして、裁判を題材にした作品には傑作が多いという傾向がある。法廷というある種の密室で繰り広げられる人間同士の闘い、検察と弁護士の丁々発止の駆け引き。事件の真相が明らかになっていくというミステリーものの展開を見せることもできるし、俳優たちの演技力を堪能できる場合も多い。様々な魅力が詰まっているのである。そんな「裁判ネタ」を本格的に扱った清張映画がようやく登場した。それまでの作品では映画の一部分だけしか費やされなかった裁判のシーンがほぼ全編にわたって展開するのである。そしてそこでは、女同士（女優同士）の闘いが柱になっているのである。

富山新港湾埠頭から、猛スピードで走って来た車が海中に転落。乗っていたのは地元の酒造メーカー社長・白河福太郎（仲谷昇）とその後妻・球磨子《くまこ》（桃井かおり）。球磨子はかろうじて車内から脱出して救助されたが、福太郎は死亡してしまう。その後、球磨子は過去に情夫の勝雄（鹿賀丈史）と共謀して数々の犯罪を起こしていたこと、福太郎に3億円もの保険がかけられていたことが判明。泳げない福太郎を事故に見せかけて殺害し保険金をだまし取ろうとした事件であるという疑惑が浮上した。地元紙の記者・秋谷（柄本明）が懸命に報道したこともあり、球磨子は物的証拠がないまま逮捕された。球磨子は白河家の顧問弁護士・原山（松村達雄）を通じて、東京の大物弁護士・岡村（丹波哲郎）に弁護を依頼するが、彼女の不利な立場や過去を問題視した岡村は依頼を拒否、原山までも持病を理由に弁護を辞退してしまう。世論の影響もあって弁護の引き受け手がなかなか見つからなかったが、女性弁護士の佐原律子（岩下志麻）が国選弁護人に就任した。とは言え、球磨子と律子は互いに反感を抱いていたため、裁判でも意思の疎通ができず状況は球磨子にとってどんどん不利になっていった。遺体の鑑定や車の転落実験も、球磨子への疑惑をますます深めるだけだった。だが律子は、偶然の出来事からこの事件の意外な真相に気付く……。

事件か事故かの真相の追究を柱に、球磨子と律子それぞれのドラマと二人の衝突が絡み、観ている間じゅうまったく気が抜けない。球磨子のふてぶてしい強気ぶりはどこかユーモラスでもあるが、これは演じる桃井かおりが物真似される時のイメージがまさに本作の球磨子そのままだからかも知れない。とは言え、事件の真相が次第に解明されていく辺りは、さすがミステリーの巨匠・野村芳太郎と思わせる絶妙の語り口である。

原作は82年に『オール讀物』に掲載されたもの（当初のタイトルは『昇る足音』）。そこでの佐原は男の設定だが、これを女性に変えたことで、女性同士の対峙という、メインの裁判とは別の緊張感が生まれる。お互い「仕方なく」弁護士と依頼人になった二人のドラマが本筋にどう影響するかという点も見逃せないポイントである。

原作では主人公だった秋谷だが、社会正義を建前に球磨子を（かなり感情的に）糾弾し、強引なやり方でそれを進めようとする。この辺りは近年のマスコミがたまに起こす暴走気味の取材を連想させるし、何かというと批判するインターネットでの〝炎上〟問題も想起させる。このような問題が40年近く前にも存在していたことを実感できる。

名優たちの演技合戦

本作の一番の見どころは、桃井と岩下の衝突を中心に、脇を固める名優たちの個性を活かした演技の化学反応だろう。

桃井の「イヤな女」ぶりもここまで徹底すると逆に楽しくなってくる。『極妻』前夜の岩下はまた違った貫禄で周囲に接し、事件の真相へと突き進んでいく。この二人のドラマがクライマックスを迎えるのは裁判が終わってからだが、お互いを嫌いながらも認めていることが明かされる重要なシーンである。このシーンでのワインの応酬は、本作を象徴するシーンであり最大の見せ場として、製作中から話題になっていた。

そもそもこの二人が実は似たもの同士だということは、きちんと観ていれば映画の早い段階で気が付く。クライマックスで証言台に立った福太郎の息子・宗治（丹呉年克）への接し方の描写である。例によって悪態をつく球磨子と、亡き父の真意をなかなか告白しようとしない宗治に強く迫る律子。中学生相手に容赦がない二人は、そっくりである。

立場上は味方同士なのに反目ばかりしている球磨子と律子に加えて、さらに「おっ、またすごいのが出てきたな」と、観ているこちらがワクワクしてしまうのが、球磨子がかつて勤めていたクラブの経営者・とき枝（山田五十鈴）の証言シーンだろう。法廷で、球磨子だけでなく律子にまで啖呵《たんか》を切ってしまう姿は、さすがの志麻姐さんすら小娘に見えてしまう。とき枝は正直言ってそこまで大きな役でもなく、日本の映画史に残る大女優をわざわざ引っ張り出す必要があったのか？　とも思うのだが、あの台詞が台本通りだとすれば、あの二人を向こうにまわして啖呵を切るだけの貫禄があるキャラを演じられるのは、山田クラスの大物でないと画《え》にならないからだろう。

この頃はすでに「特別出演」が定着していた丹波哲郎は、やっぱりそれっぽい「ちょっとだけ出演」。『男はつらいよ』の2代目おいちゃん役としても有名な松村達雄は『黒の奔流』に続いてのベテラン弁護士役だが、今回は何と開廷直後に弁護人辞任という暴挙に。「それをやっちゃあおしまいよ」という誰かの声が聞こえてきそうだ。「チャラ男」ぶりが見事な鹿賀丈史、暴走気味の熱血記者・柄本明など、現在も活躍しているベテラン俳優たちの若き日の姿も見ものだ。

2つの「疑惑」

ここで、映画とは直接関係ないが、実際の事件に関する余談を2つ。

本作の原作の執筆にあたってヒントにしたとされるのが、74年に大分県別府市で発生した保険金殺人事件である。車の転落の状況などはほぼそのままの形で小説に活かされている。不動産経営者の男が救助されたが、同乗していた妻と二人の娘が溺死、合計3億1000万円の保険金が支払われる契約だった。男は過去に何度も保険金詐欺などの犯罪を働いていたことから疑惑が浮上、男は逮捕される。

本作公開の前年、ロサンゼルスを旅行していた日本人夫妻が二度にわたって襲撃を受けた。特に二度目は銃撃だったため頭部を撃たれた妻は意識不明の重体となり、米軍の協力を得て日本に搬送されたが、意識が戻らないまま翌年11月（本作公開の約2カ月後）に死亡。夫は3つの保険会社から合計1億5500万円の保険金を受け取った。これが2年後、『週刊文春』が「疑惑の銃弾」のタイトルで取り上げたことから一気にセンセーションを巻き起こした「ロス疑惑」である。夫は後に逮捕された。本作とこの事件の時系列を知らないと、本作がロス疑惑をヒントに創作されたと勘違いする人もいるだろう。しかし、実際は本作の公開の頃、夫は「悲劇の夫」として全国から同情を一身に買っていた。ただ、本作のタイトルが同事件の報道に大きな影響を与えた可能性は高い。

清張、再び「製作スタッフ」に？

ところで、本作のクレジットには再び清張が登場しているのだが、今回は「脚色」としてである。今回も言わば「製作スタッフ」の一員だが、これとは別に古田求《もとむ》と野村が「脚本」としてクレジットされている。この、原作者自ら行なった脚色の詳細についてははっきりしていない。古田や撮影の川又昂によると、「清張が脚本の前半部を自ら執筆したものの、結局古田と野村が大部分を執筆した」と聞いたという。しかし、これは松竹の宣伝部による「話題作り」だったという説もある。

他に考えられるのが、清張は映画用の粗筋を自ら考えて執筆した、というもの。そうなると、先述の佐原の性別、そして結末などを原作と異なる形にするというアイディアは自ら出したものかも知れない。特に前者は、松竹、そして野村の作品ならば「女性映画」に……と清張自らが合わせた可能性もある。そうだとすれば、これまで清張映画の傑作を生みだし続けてきた野村の功績に対する清張の敬意と信頼の表れだったのだろう。

本作はキネマ旬報ベストテンで第4位に選ばれるなど高い評価を受け、数々の映画賞も獲得した。特に桃井の演技に対する評価は高く、自ら進んで「毒婦」を演じた甲斐があったようだ。

カラー　ビスタサイズ　127分　〔公開日〕1982年9月18日　〔製作〕松竹＝霧プロダクション
〔配給〕松竹＝富士映画　〔監督〕野村芳太郎　〔製作〕野村芳太郎、杉崎重美
〔脚本〕松本清張（脚色）、古田求、野村芳太郎　〔撮影〕川又昂　〔美術〕森田郷平　〔音楽〕芥川也寸志、毛利蔵人
〔出演〕桃井かおり、岩下志麻、鹿賀丈史、柄本明、真野響子、森田健作、山田五十鈴、丹波哲郎、三木のり平、北林谷栄、松村達雄、小沢栄太郎、仲谷昇、伊藤孝雄、内藤武敏、小林稔侍、新田昌玄、梅野泰靖、小林昭二、山本清
〔DVD・BD〕松竹

天城越え

1983年　松竹

霧プロが設立されたことで、清張映画の量産体制が整った。『疑惑』以降、松竹は約半年に1本のペースで清張映画の新作を3本続けて公開することになるのだが、その体制の基礎を作ったと言えるのが本作である。

静岡で印刷屋を営む小野寺（平幹二朗）は、県警の嘱託の田島（渡瀬恒彦）と名乗る老人が印刷を依頼した、「天城山殺人事件」というタイトルの刑事調書の原稿を見て驚き、少年の頃に遭遇した出来事を思い出した。昭和15（1940）年、14歳だった小野寺（伊藤洋一）は伊豆の下田に住んでいたが、母（吉行和子）が夫に先立たれた寂しさから叔父（小倉一郎）と体の関係を結んでいる現場を目撃し、父を裏切った母を許せずに家出した。静岡に住む兄の元に向かって一人で天城越えの旅に出た小野寺は、道中で様々な人々と出会うが、中でも素足で旅する若い娘ハナ（田中裕子）に強く心を魅かれ、一緒に旅を続ける。だがハナは、途中で出会った大男の土工（金子研三）と共に姿を消してしまう。しばらくして、下田警察署に殺人事件発生との連絡が入る。その捜査にあたったのが、若き日の田島だった。殺されたのは例の土工だった。家に戻っていた小野寺の元に、田島が聞き込みにやってきた。捜査の結果、目撃証言や状況証拠などからハナが容疑者として逮捕される。売春婦だったハナは取り調べに対し、土工と関係して金を貰ったことは認めたが、殺害は否認した。その一方で真犯人を知っている様子だが、それが誰かも言わなかった。結局、ハナは証拠不十分で釈放され、事件は迷宮入りとなった。だが、事件から30年以上経った今、ようやく田島は事件の犯人が誰か気が付いたのだった……。

本作は三村晴彦の監督デビュー作である。三村と彼の師匠筋である加藤泰の共同脚本。三村は奇をてらうことなく正統派の演出を心がけ、天城山中の自然を捉えたロケ撮影の美しさは絶品である。加藤譲りのローアングルによるショットが時折挿入されるが、これが絶妙なアクセントとなっている。聞き込みの場面などどことなくユーモアが漂い、個性的な俳優たちの好演の効果もあり、観客を飽きさせない。何より、構成が引き締まっているせいか上映時間が当時としては短めな100分弱に収まっていて、その点でも観やすい作品に仕上がった。

本作の最大の魅力は、ハナを演じた田中裕子だろう。美しさと母性、そして娼婦の艶《なま》めかしさが同居し、少年を一目で虜にしてしまうという展開に説得力を持たせている。さらに、少年の想いをしっかり受け止め、(文字通り)すべてを包み込んでしまう姿は感動的ですらある。国内外の映画賞で主演女優賞を獲得したのも頷ける。

三村への「監督デビュー祝い」なのか、過去に三村が助監督としてついた野村=清張作品や加藤の監督作に出演した豪華俳優陣が、役の大小を問わず大挙出演している。野村作品からは、狂言回し的存在である田島の過去と現在を演じた渡瀬恒彦をはじめ、加藤剛、柄本明、北林谷栄、山谷初男ら。加藤作品からは佐藤允や汐路章ら。坂上二郎と車だん吉(コント55号の弟分として芸能界デビューした)は、野村が過去にコント55号の主演作を数多く撮っていたからかも。これら、名優から個性派まで錚々たる俳優たちが印象的な役で登場する。また、平幹二朗、吉行和子、小倉一郎らは、本作以後の三村作品にたびたび出演することになる。

三村の情熱が注ぎ込まれた本作は実際に公開されると大評判となり、キネマ旬報ベストテンで第8位に輝くなど一般の評価も上々だった。

この成功に気を良くしたのか、野村はすぐに(まずはプロデューサーとして)次の清張映画の製作を決意したようだ。自分と三村のローテーションで上手くまわせば、年2本ずつ清張映画(と言うより霧プロ作品)を公開することができる、と読んだのだろう。そしてそれは早速実行に移されたのだが、一方で霧プロ、ひいては清張映画に暗雲が立ちこめ始めた……。

カラー　ビスタサイズ　99分　[公開日]1983年2月19日　[製作]松竹=霧プロダクション　[配給]松竹
[監督]三村晴彦　[製作]野村芳太郎、宮島秀司　[脚本]三村晴彦、加藤泰　[撮影]羽方義昌　[美術]横山豊
[音楽]菅野光亮
[出演]渡瀬恒彦、田中裕子、平幹二朗、伊藤洋一、加藤剛、吉行和子、樹木希林、坂上二郎、柄本明、北林谷栄、

石橋蓮司、汐路章、小倉一郎、佐藤允、山谷初男、中野誠也、阿藤海(快)、車だん吉、伊藤克信、石井富子(トミコ)

[DVD・BD]松竹

コラム

実現しなかった清張映画

『黒地の絵』

当然のことだが、世の中の他の映画と同様、清張作品の中でも映画化が企画されながら実現に至らなかったものはいくつもある。その中には、シナリオ脱稿などある程度まで具体化していたものも少なくない。

野村芳太郎の監督による製作が予定され1983年に新藤兼人によって書かれた『渡された場面』、井手雅人が執筆した『草の陰刻』（映画化タイトルは『裂けた記憶』）や『白い闇』など、脚本が遺されている作品もある。

ここでは、清張が長年にわたって映画化を熱望していた『黒地の絵』について、西村雄一郎著『清張映画にかけた男たち――『張込み』から『砂の器』へ』（2014年、新潮社）に基づいて、簡単に紹介しておこう。前述の通り、霧プロダクションはこの作品の映画化を主な目的として設立されたものだった。

同作は、清張の〝出身地〟である小倉で1950年7月に実際に起こった事件を題材にしている。朝鮮戦争の前線に送られるため在日米軍の基地に来ていた黒人兵たちが集団で脱走、周辺の民家を襲撃し強盗や強姦などを行なったという大事件だったが、占領下だった当時の日本では情報統制が行なわれたため、ほとんどニュースにならず日本人の多くは知らなかった。

小説の発表以来、堀川弘通、熊井啓、山本薩夫、森谷司郎らが映画化を希望し、特に森谷は大藪郁子に依頼して脚本を完成させている。また、黒澤明も清張と直接面談して映画化を約束したという。だが、内容が反米的であると見なされ、人種問題も含んでいることからか、多くの映画会社が製作に難色を示し、どれも実現には至らなかった。また、橋本忍も森谷はじめ各方面から脚本執筆を依頼されたが、技術的にも映画化は不可能と判断し、一切断ったという。

このような状況にしびれを切らせて、清張自身が霧プロを通じての映画化に動き出したわけである。野村たちはアメリカにシナリオ・ハンティングに行き、様々な調査や脚本家探しを行なった。こうした過程を経て、古田求が日本人の部分を、『いちご白書』（1970）などに脇役で出演するかたわら『刑事コロンボ　ビデオテープの証言』（1975）などテレビのミステリー・ドラマの脚本を手がけていた黒人ライターのブッカー・ブラッドショーがアメリカ人の部分をそれぞれ執筆するという形で、脚本の作成が進められた。この段階で、主人公の留吉役の候補として挙げられていたのは高倉健だったという。

しかし、日米双方の言語に翻訳するなどかなりの時間と手間をかけて完成したこの脚本は野村の気に入らず、以後二度にわたって書き直されている。第二稿には先述の二人に加えて古田の師匠である井手雅人の名前があるが、この段階で井手が全面的に書き直したという。84年に脱稿した第三稿には、小倉に調査に行くなどして自主的に改稿した井手の名前しかない。この最終決定稿の段階で井手が留吉役に想定していたのはビートたけしだった。だが、野村はこの脚本を棚ざらしにしたまま別の映画の製作に携わったりした。これが清張の不信と怒りを買い、後述するように霧プロ解散の大きな原因になったようだ。

その後も、熊井が井手の脚本を映画化しようと熱心に動いたということだが、実現に至らないまま熊井は逝去。『黒地の絵』の映画化を試みた他の監督たちも、みんな鬼籍に入ってしまった。それから現在に至るまで、（特に商業的に）あまりにハードルが高い『黒地の絵』の映画化の話は、ついに出なくなってしまった。

迷走地図

1983年　松竹

量産体制が整った霧プロの次の作品は、抒情的な『天城越え』から一転、清張が政界の人間模様に真正面から取り組んだ長編小説の映画化。サスペンスというよりポリティカル・フィクションとしての性格が強い。

与党・改憲党の第二派閥の長である通産大臣の寺西正毅（勝新太郎）は、党内最大派閥を率いる首相の桂重信（芦田伸介）から近く政権を譲り受けるのは必至と見られていた。寺西を支えているのは、妻の文子（岩下志麻）と秘書の外浦（渡瀬恒彦）だった。外浦は、寺西と財界における彼の後ろ盾である和久（内田朝雄）とのパイプ役も務めていた。前首相の入江が急死したことで、すべてが秋の総裁選に向けて動き始めた。そんな中、桂が引き続き政権を担当する意思を示した。寺西派は色めき立ち、外浦と和久、そして和久に囲われている銀座の高級ナイトクラブのママ・里子（松坂慶子）は京都へ急行した。彼らは関西財界の有力者・望月（宇野重吉）に党の第三派閥である板倉派を抱き込むための工作資金として20億円の融資を受けることに成功する。こうして、寺西派と桂派の間に展開していた政権争いはどんどん激化していった。そんな中、外浦が、和久が経営する会社のテヘラン支社に異動になったため、寺西の秘書を辞めることになった。政界に深入りし過ぎた外浦を警戒した和久の差し金だった。だが、これが寺西らを窮地に陥れることになる……。

首相の座をめぐって大量の人と金が動く。政治の裏側とからくりを痛烈に描いているが、豪華キャストによる娯楽映画というスタンスが貫かれているので、観ていて重苦しくなることはない。「社会派なのに娯楽映画」という作りは山本薩夫が得意とする作風だったが、実は彼の『金環蝕』と本作はかなり似ている。同作が1965年に発覚した九頭竜川ダム汚職事件をモデルにしているという違いはあるが、総裁選挙にからむ人と金の右往左往はまさに本作とそっくり。しかも、汚職の証拠を摑む町の金融業者の老人の役で宇野重吉が出演しているのも、ダイレクトに本作を連想させる。ただ、本作の方が出演している女優の人数も出番も多い分、どこか華やかな印象すら受ける。さすがは松竹である。

しかし、本作の一番の目玉は勝新太郎の出演だろう。大映を代表するスターだった勝は、71年の大映倒産後も自分が主宰する勝プロダクションで映画やテレビ用の時代劇の製作を続けていたが、私生活でのトラブルが続いた上、『影武者』の撮影中に黒澤明と衝突して降板したり、勝プロが莫大な負債を抱えて倒産したりと、公私共に波乱続きの時期だった。そんな中での久々の映画主演だったが、独特の演技法が圧倒的な迫力を生んだ、特に妻役の岩下には、仲が悪いという設定なので本番以外では一切口をきかないと宣言したり（『鬼畜』の時の子供たちと同様）、夫婦喧嘩のシーンでは岩下の顔に茶をかけるなどのアドリブも交えて、脚本5ページ分の芝居を3台のカメラを使い途中で切らずに一気に撮影するという、破天荒な撮影を実行させた。

他にも、すっかり清張映画の常連となった感がある渡瀬恒彦、20年ぶりの清張映画出演となった津川雅彦と細君の朝丘雪路（こちらは25年ぶり）らに加え、いしだあゆみ、宇野の息子の寺尾聰、本作の翌年に手がけた『お葬式』（1984）以降、映画監督としての活躍がメインになる伊丹十三、市川崑の金田一シリーズでの迷警部役で人気を博していた加藤武ら、清張映画初出演の大物たちも少なくない。映画の題材にふさわしい、多彩で重量感たっぷりのキャスティングである。


重厚で充実したキャストの演技のアンサンブルが楽しめる政治ドラマの快作である本作だが、清張は製作開始当初から野村たちの方針ややり方が気に入らなかったという。完成した作品だけでなく万事がよほど不満だったのだろう、清張は本作のビデオソフト化を禁じた。テレビ放映に関しても、97年に勝が亡くなった際に行なった追悼放映以後は一切行なわれない状態になっている。残念ながら現在では鑑賞することがほとんど不可能な、いわゆる「封印作品」になってしまったのである。

このような経緯から、本作は長年にわたって強い信頼で結びつき傑作を生みだし続けてきた清張と野村の最後のコンビ作となってしまった。そして、この時期すでに霧プロ崩壊への序曲も鳴り響き始めていたのだ。

カラー　ビスタサイズ　136分　〔公開日〕1983年10月22日　〔製作〕松竹＝霧プロダクション
〔配給〕松竹　〔監督〕野村芳太郎　〔製作〕野村芳太郎、杉崎重美、小坂一雄　〔脚本〕野村芳太郎、古田求
〔撮影〕川又昂　〔美術〕森田郷平　〔音楽〕甲斐正人
〔出演〕勝新太郎、岩下志麻、渡瀬恒彦、いしだあゆみ、松坂慶子、津川雅彦、宇野重吉、芦田伸介、伊丹十三、大滝秀治、
中島ゆたか、寺尾聰、加藤武、朝丘雪路、平田満、内田朝雄、片桐夕子
〔DVD〕未発売

彩り河

1984年　松竹

清張映画が量産体制に入ったと同時に、霧プロの内部で発生し始めた不協和音。本作がきっかけだったのか、それとも偶然タイミングが重なっただけなのか、同社の最後の作品となってしまったのが本作である。

東洋商産の取締役・井川（平幹二朗）は、同期の高柳（夏木勲）との派閥争いに敗れ退職、今は首都高速道路の料金所で働いていた。ある夜井川は、かつての愛人・和子（吉行和子）と高柳が乗った車の対応をする。和子は、今では銀座のクラブ「ムアン」のママで、昭明相互銀行社長の下田（三國連太郎）の愛人であった。また高柳も、業績が悪化してきた東洋商産への援助を、下田から密かに受けていた。下田は寿永開発というトンネル会社を操ったり、政界の中枢と密かにつながっていた。和子の現況を突き止めた井川はムアンを訪れるが、和子に無視される。その様子を見ていた業界紙記者の山越（渡瀬恒彦）は井川に声をかけ、東洋商産にまつわる様々な疑惑について話す。ある日、下田の豪邸が放火された。付近にいて犯人として逮捕されたのは、夜の銀座で車の誘導係をしている

「ジョー」こと田中譲二（真田広之）だった。だが、放火ではなく失火ということになり、彼は釈放された。実は放火犯人は和子だったのだが、彼女は映画館で何者かに殺された。ジョーはムアンの跡で新たに開業するクラブのママ・ふみ子（名取裕子）と知り合い、二人は恋に落ちる。だが、彼女もまた下田の愛人だった。下田から援助を断られた高柳は自殺を遂げたが、下田の実体や和子の殺害の真相を綴った遺書を井川に送っていた。井川は山越を訪ね、高柳の遺書の内容を記事にするよう頼む。だが、欲に目がくらんだ山越は、遺書をネタに下田をゆすったため、自殺に見せかけて殺された。一方、井川と知り合ったジョーは、自分と下田との因縁について告白する……。

原作は、金融界を牛耳る巨悪の暗躍を核に、夜の銀座で交錯する人々の思惑、そして復讐劇を描いた長編。前半と後半で主人公が変わるなど、ユニークな構成である。

本作は当初、野村芳太郎が監督することになっていたが、『迷走地図』の一件の影響で降板、『天城越え』の功績を買われて三村晴彦が監督することになった。脚本は『天城越え』同様三村と加藤泰の師弟コンビに加え、三村にとっては加藤門下の弟弟子にあたる仲倉重郎、そして野村の4人。

正直言って、本作はツッコミどころが多過ぎて紹介に困る。ネタバレする部分もあるが列挙してみると、ジョーの比重を大きくしたため物語の焦点が定まらず、そこまで複雑な話ではない筈なのに分かりにくい。山越が殺されるシーンでは、『めまい』のタイトルバックのようなアニメ風の画面になり、それがまたチープで苦笑してしまう。クライマックスの復讐シークエンスも、原作での緻密さがなく、かなり雑で強引な印象を受ける。

余談だが、そのクライマックス、祝賀パーティが復讐の舞台になるのと主人公が返り血で真っ赤になるというビジュアルで思い出したのが、カルト的人気作『人魚伝説』（1984）。長くなるので詳細は割愛するが、なぜかイメージが本作とダブるのである。調べてみたら、本作とこの『人魚伝説』、まったく同じ日に封切られているのである。単なる偶然の一致だろうが、つい結びつけたくなる。ただし、三村と加藤の共同作業という点から考えれば、ここは野村の『五瓣の椿』の現代版として書かれた三村のオリジナル・シナリオを加藤が監督した『みな殺しの霊歌』を真っ先に思い出すべきであろう。同作で壮絶な復讐を繰り広げる主人公を演じた佐藤允が、本作では悪役の一人を演じているが。同作と同じく鏑木創が音楽を担当、女性スキャットによる似たような雰囲気の曲が流れるところも、同作へのオマージュだという思いを強くさせる。

話を戻すと、本作の出来が今一つとなった原因は、脚色があまり上手くいっていないこと（脚本家チームの間で対立があり、そのゴタゴタが影響したのか？）、そして三村向きの題材ではなかったのを無理に引き受けてしまい、その気負いから演出が空回りしてしまったこと……などではないだろうか。恐らく、原作をあまりいじらずに凝縮するだけに留めておけばよかったのでは……と思われる。

本作の一番の見どころは、やはり主演の二人だろう。真田広之は若手アクションスターから演技派俳優への脱皮を模索していた頃。爽やかな好青年の前半と復讐鬼と化す後半の演じ分けの上手さに、演技への情熱が感じられる。名取裕子も、本作や五社英雄の『吉原炎上』（1987）などでのヌードも辞さない大胆な演技により、様々な役をこなすようになった。ちなみに、映画では今のところ本作だけだが、テレビドラマでは16本の清張作品に主演している。

三村らしい映像美に満ちたシーンも少なくないが、全体的には完成度が高くない作品となってしまった。

そして、本作公開から約4カ月半経った84年8月31日、清張によって霧プロは解散する。自身が熱望していた『黒地の絵』の映画化が棚上げされたこと、その一方で自作ではない作品の映画化に野村が熱心になったこと、さらに（清張の言によれば）彼の著作の権利に関して重大な問題が発覚したことで、清張の中で踏ん切りがついたのだろう。そしてこれ以後、清張映画は長い〝休眠〟に入ってしまうのである。

カラー　ビスタサイズ　125分　［公開日］1984年4月14日　［製作］松竹＝霧プロダクション
［配給］松竹　［監督］三村晴彦　［製作］野村芳太郎、升本喜年　［脚本］野村芳太郎、三村晴彦、仲倉重郎、加藤泰
［撮影］花田三史　［美術］横山豊　［音楽］鏑木創
［出演］真田広之、名取裕子、平幹二朗、三國連太郎、渡瀬恒彦、米倉斉加年、夏木（夏八木）勲、吉行和子、根上淳、石橋蓮司、佐藤允、中野誠也、阿藤海（快）、石井富子（トミコ）、汐路章、沖直美、金子研三、伊東達広
［DVD］松竹

ゼロの焦点

2009年　東宝

80年代中盤以降、テレビの「2時間サスペンス」は隆盛を極め、それらの中の企画として清張作品がドラマ化される機会も増えた。その一方で、霧プロ解散の影響が強過ぎたのか、『彩り河』以降、清張映画の製作はピタリと止まった。その間に、昭和の終焉と平成の開始、そして清張自身の逝去と、時代も清張の周辺も激しく変化した。清張映画が久々に製作されたのは清張の生誕100年となる2009年。『彩り河』から実に25年後、21世紀が始まってからもすでに10年近くの歳月が流れていた。こうしてスクリーンに戻ってきた清張作品は、「記念碑的作品」の48年ぶりのリメイクだった。

禎子（広末涼子）は鵜原憲一（西島秀俊）と見合いし、よく分からない部分があるもののそこにも魅力を感じ、結婚した。新婚7日目、東京への転勤が決まった憲一は、事務引継ぎのため前任地の金沢へ旅立ったが、現地で失踪してしまう。会社の協力を得て憲一を探すため禎子は金沢へ向かうが、憲一の金沢での生活は謎だらけで、手がかりはつかめなかった。そんな中、憲一の得意先の会社を訪れた禎子は、社長夫人の佐知子（中谷美紀）と同社の受付嬢・久子（木村多江）の二人の女性と出会う。だが一方で、憲一の兄・宗太郎（杉本哲太）など憲一に関係がある人々が次々に殺害され、憲一の失踪は連続殺人事件へと発展してしまう。さらに調査を進めた禎子は、憲一の驚くべき過去や実態を知る……。

時代設定は１９５７年頃、禎子と憲一の見合いから映画が始まり……と、（61年版と比べると）全体的にかなり原作に近い作りになっている。舞台となった時代、ひいては（物語のカギとなる）終戦後からかなりの年数が経っているため、時代背景に関する重要な要素をきちんと観客に見せる（知らせる）ことが必要不可欠だと判断されたのだろう。

前作との違いの中で特に目立つ点が２つ。まずは今回がカラー作品だということ。今回は、すでにカラー映画が当然という時代に製作されたこと（今日では、むしろ白黒映画の方が製作するのに費用も手間暇もかかるし、広い層の観客にアピールしにくいなど興行的にもリスクが大きいので敬遠されがち）もあるが、カラーの技術が進歩してより写実的な色彩の表現が可能になったことも重要なポイントだ。そしてその上で、冬の荒涼とした北陸の風景というモノトーン的なビジュアルを敢えてカラーで再現したことで、その寒々しさがヒロインたちの心理状態もイメージさせるという効果も生んでいる。もちろん、再現するのに多大な労力が注がれたであろう物語当時の街並みや風俗、冒頭の東京のカラフルな夜景との対比など、前作に無かった部分で色彩が必要になったということもあるだろう。

そしてもう一つはクライマックスの推理シーン。今回は、金沢に向かう禎子の頭の中でのみ行なわれる形になっていて、断崖で真犯人と対決……という展開にはならない。もちろん、あのシークエンスが原作にない前作独自のものであり、今回の流れの方がより原作に近いものだったからということもあるだろう。しかし、これはあくまでも私の推測だが、あの断崖でのシチュエーションがテレビドラマにおいてすっかり「手垢がついた」ものになってしまっていたため、（前作自体へのリスペクトはあっただろうが）敢えてあの展開を避けたのではないだろうか（下手をすれば笑いすら起きかねない恐れもあっただろう）。

それはともかく、本作が高く評価できるのは、とにかく原作を尊重しているということだ。終戦後の忌まわしい過去がすべての事件の発端になっているため、時代設定を下手に変えると、物語が成り立たないか、作品の本質が大きく変わってしまう恐れがある。それを避けたのは実に賢明だったと言えるだろう。

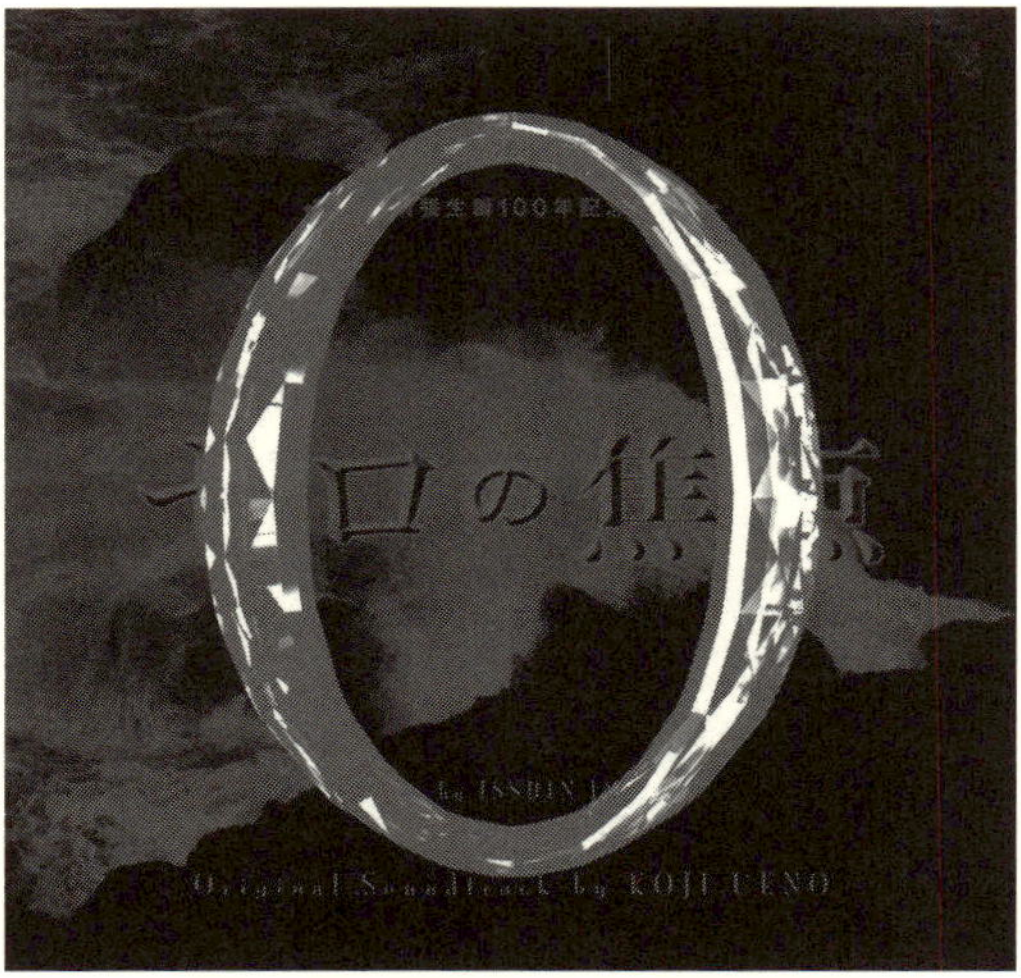

「ゼロの焦点」オリジナル・サウンドトラック
発売元：ヤマハミュージックコミュニケーションズ
商品番号：YCCW-10107　価格：2,381円(+税)

その賢明な監督（共同で脚本も執筆）の犬童一心は、高校時代から自主映画を多数製作して高い評価を受け、CMディレクターの仕事の傍ら長編映画も監督、『ジョゼと虎と魚たち』（2003）で芸術選奨新人賞に選出されたが、この時の審査員の一人が山田洋次だったことに不思議な縁を感じるのは考え過ぎだろうか？

このリメイクでも「三大女優の競演」が〝売り〟になっているのは、ある意味61年版へのオマージュと言えないこともないだろう。今回の３人も人気・実力共に折り紙付きの豪華な顔合わせだった。

禎子役の広末涼子は、アイドルとして活動していた時期から『秘密』（１９９９）や『鉄道員《ぽっぽや》』（１９９９）で映画賞の演技部門を総なめにした実績があり、本作は『おくりびと』（２００８）が国内外で高い評価を受けた直後の出演となった。

佐知子を演じた中谷美紀は、体当たりの熱演となった『嫌われ松子の一生』（２００６）で日本アカデミー賞をはじめ多数の映画賞で主演女優賞を獲得。「和服が似合う美人女優」との呼び声が高いが、本作もそのイメージを踏襲した役柄である。

久子役の木村多江は10代の頃から舞台などでキャリアを積み、初主演映画『ぐるりのこと。』（２００８）で日本アカデミー賞最優秀主演女優賞をはじめ多数の映画賞を獲得。こちらは「日本一不幸（な役）が似合う女優」と呼ばれることが多いが、本作もそのイメージ通りの役だ。

ちなみに、３人とも本作で日本アカデミー賞優秀女優賞（広末が主演、中谷と木村が助演）を獲得している。まさに作り手の思惑通りの「女優映画」になったわけだ。

清張作品の多くが発表されてから長い年月が経っているゆえ、今後の映像化にはいろいろと難しい問題が生じるだろう。「時代を映す鏡」という清張作品の重要な側面を尊重した方法での本作の映画化は、その一つの見本となるだろう。

本作の後、清張映画は再び〝休眠期間〟に入っている。川又昂の証言によると、霧プロの前半期、清張は自ら映画監督を務めることに強く意欲を燃やしていたという。それだけ清張が愛してやまなかった「映画」。清張映画が再び製作されることを、映画ファンはもちろん、当の清張が最も願っているはずである。

カラー　スコープ・サイズ（スーパー35）　132分　〔公開日〕2009年11月14日　〔製作〕「ゼロの焦点」製作委員会
〔配給〕東宝　〔監督〕犬童一心　〔製作（エグゼクティブ・プロデューサー）〕服部洋、白石統一郎、市川南、梅澤道彦
〔脚本〕犬童一心、中園健司　〔撮影〕蔦井孝洋　〔美術〕瀬下幸治　〔音楽〕上野耕路
〔出演〕広末涼子、中谷美紀、木村多江、西島秀俊、鹿賀丈史、杉本哲太、市毛良枝、野間口徹、本田博太郎、モロ師岡、黒田福美、小木茂光、小泉博、左時枝、長野里美、崎本大海、本田大輔、江藤漢斉、日和佐裕子、マーク・チネリー
〔DVD・BD〕東宝

おわりに

清張映画36本を振り返ってみると、そのジャンルの多彩さに圧倒される。原作も様々なジャンルに分けられるが、それが映画になるとさらにその幅広さが実感できる。本格的推理もの、不倫ドラマ、社会派サスペンス、時代劇……。しかも、それぞれの作品はいろいろな要素を含んでいるため、厳密なジャンル分けが難しいのである。

そして、もう一つ。

私が小学校高学年の頃、市川崑の金田一耕助シリーズがヒットを続けていて、リアルタイムで数本観てハマってしまった。「見立て殺人」などのトリッキーな描写や市川独特の派手なビジュアルは、子供心にも面白く映ったのである。「血塗りのファンタジー」とでも喩えればいいだろうか（よく考えたら、見立て殺人なんて面倒なことは、現実の殺人事件ではまず行われないだろう）。

だが、同じ推理ものでも、清張映画は当時ほとんど観なかった。当然である。清張映画は（金田一シリーズと比べると）子供が観るには画が地味で、難しかったのである。だが、成長してそれなりに人生経験を積んだ上で観ると、登場人物の行動にリアルな動機づけがなされているので、感情移入して観られる作品が多いことに気が付くのである。リアル過ぎるゆえに、ビターな展開に観ていて苦しくなる作品もあるが、それでも画面に引き込まれてしまうのである。

さらに付け加えると、金田一シリーズとほぼ同時期に放送を開始しどちらも長寿テレビ番組となった2つの刑事ドラマも、私のお気に入りだった。一つは派手なアクションや爆破シーン満載で石原プロの代名詞的存在となった『西部警察』（1979〜84）、もう一つはハードでアダルトな雰囲気が漂う『特捜最前線』。作品の方向性は正反対である。テレビっ子だった私はどちらも毎週見ていたが、どちらかと言えば『特捜』の方が好きだった。『特捜最前線』の特徴と言えば、止むに止まれず犯罪に走ってしまった犯人の心理描写やレギュラーの刑事たちそれぞれの抱える問題などに重きを置いた人間ドラマの濃厚さだった。強引かも知れないが、これはまさに清張作品に一脈通じるものではないだろうか。このように、清張作品を、「刑事もの」というだけで「『特捜最前線』ではなく『西部警察』として映画化しようとした」ところに、初期の（松竹以外の会社による）清張映画に迷走気味なものが多かった原因があるような気がする。

ともあれ、そんな、人間ドラマとしての要素が強い清張作品を、日本映画を代表する名監督たちが名優を贅沢に使って映像化する。それこそが、清張映画の最大の魅力である。

そんな魅力をうまくお伝えすることができたか不安であるが、結局は実際に作品をご覧いただくことが一番の近道である。そしてそこから、原作を読んでみるもよし、監督の他の映画を観てみるもよし。いろいろな楽しみ方で、映画と小説、それぞれの魅力を堪能していただければ幸いである。

最後になったが、資料提供などで多大なご協力を頂いた北九州市立松本清張記念館、貴重なお写真を快くご提供くださった中島賢氏、そして本書を執筆するきっかけを作ってくださった作家の岸川真氏はじめ、本書の出版に関してお世話になった皆様に心からのお礼を申し上げたい。

上妻　祥浩（こうづま　よしひろ）
映画研究・文筆・解説者。1968（昭和 43）年生まれ。熊本県出身・在住。
地元の新聞・雑誌・テレビ・ラジオ等で新作映画の解説の仕事を行なうかたわら、『絶叫！パニック映画大全』『大映セクシー女優の世界』（ともに河出書房新社）の単独著を上梓。他にも、『別冊宝島　特撮ニッポン』『別冊宝島　海外ドラマ Fan！　ツイン・ピークス大特集』（ともに宝島社）、『文藝別冊　タモリ』『「シン・ゴジラ」をどう観るか』（ともに河出書房新社）などの書籍において執筆を担当。キネマ旬報社主催「映画検定」1 級合格。

旅《たび》と女《おんな》と殺人《さつじん》と　清張映画《せいちょうえいが》への招待《しょうたい》

二〇一八年一月十一日　第一刷発行

著　者　上妻祥浩
発行者　田尻　勉
発行所　幻戯書房
郵便番号一〇一―〇〇五二
東京都千代田区神田小川町三―十二
岩崎ビル二階
電　話　〇三（五二八三）三九三四
ＦＡＸ　〇三（五二八三）三九三五
ＵＲＬ　http://www.genki-shobou.co.jp/

印刷・製本　中央精版印刷

ISBN 978-4-86488-139-8　C 0074